Josef Högemann

Schmalspurbahnen an der Ostsee

Bad Doberan — Kühlungsborn
Franzburger Kreisbahnen
Rügensche Kleinbahnen

Nebenbahndokumentation
Band 2

Verlag Kenning

Inhalt

Die Rügenschen Kleinbahnen
4   Vorgeschichte
4   Bau und Eröffnung der Rügenschen Kleinbahnen
6   Die ersten Betriebsjahre
6   Weitere Projekte
6   Die weitere Entwicklung
9   Die Rügenschen Kleinbahnen als Bestandteil der Deutschen Reichsbahn
11 Der Triebfahrzeugpark
18 Streckenbeschreibung Altefähr — Putbus
20 Bergen — Altenkirchen
23 Mit dem „Rasenden Roland" von Putbus nach Göhren
25 Fototeil

Die Franzburger Kreisbahnen
49 Vorgeschichte
50 Bau und Eröffnung der Kleinbahn
51 Die Betriebsjahre bis 1945
54 Die letzten Betriebsjahre
55 Das Ende
56 Die Betriebsmittel der Franzburger Kreisbahnen
58 Die Kreisbahnstrecke
64 Fototeil

Bad Doberan — Ostseebad Kühlungsborn
68 Erste Schmalspurbahn an der Ostsee
69 Umbau in Normalspur?
70 Die Zeit nach 1945
72 Die Fahrzeuge des „Molli"
75 Mit dem „Molli" an die Ostsee
77 Die Rübenbahn Neubukow — Bastorf
78 Fototeil

95 **Quellenverzeichnis**

Impressum

Herausgeber: **Verlag Kenning** — Hermann-Löns-Weg 4, D-4460 Nordhorn, Tel. 05921/76996, Fax 05921/77958

ISBN 3-927587-05-2

Copyright 1991 by Verlag Kenning, Nordhorn
Alle Rechte, auch das des auszugsweisen Nachdrucks, der fotomechanischen Reproduktion (Fotokopie, Mikrokopie) und das der Übersetzung vorbehalten.

Titelfoto: Ausgedehnte Rapsfelder prägen im Frühjahr die weite Landschaft Rügens. Abendpersonenzug 14124 mit Lok 99 4801 am 4. Mai 1989 zwischen Posewald und Putbus.
Foto: Ludger Kenning
Rückseite: Dampflokromantik in den Straßen von Bad Doberan am 9. April 1990. Lok 99 2321 mit Personenzug 14139.
Foto: Josef Högemann

Einleitung

Die landwirtschaftlich orientierten Gebiete in Pommern und Mecklenburg litten ganz besonders unter den ungünstigen Verkehrsverhältnissen des vergangenen Jahrhunderts. Obwohl bereits die ersten Eisenbahnlinien das Land durchzogen, waren die meisten Kleinstädte und Gemeinden mit ihren großen Gutshöfen noch förmlich von der Außenwelt abgeschnitten. So wurde der Bau von Nebenlinien gefordert, welche der verkehrsmäßigen Erschließung der Fläche dienen sollten.

Der Gesetzgeber in Preußen hatte bereits erkannt, daß im Rahmen der bestehenden Eisenbahnbau- und Betriebsvorschriften flächendeckende Nebenstrecken aus wirtschaftlicher Sicht nicht vertretbar waren. So kam es 1892 zur Verabschiedung eines sogenannten Kleinbahngesetzes, auf dessen Grundlage nun Eisenbahnen einfachster Art mit verschiedenen Spurweiten gebaut werden konnten. Die Betriebsart solcher Bahnen war in jedem einzelnen Punkt definiert. So war eine Höchstgeschwindigkeit von 30 km/h das Maximum, nur in ganz besonderen Fällen erlaubte die Aufsichtsbehörde 40 oder gar 50 km/h. Es genügten daher einfache und sparsame Betriebsmittel hinsichtlich Fahrzeugpark und Gleisanlagen. Die Trassierung konnte nun in unmittelbarer Nähe zu bestehenden Straßen und Wegen erfolgen, teilweise wurden die Gleise sogar auf längeren Abschnitten darauf verlegt. Mechanische Signale oder gar Stellwerke waren nicht vorgeschrieben.

Nach Verabschiedung des Kleinbahngesetzes nahm der Eisenbahnbau in Preußen einen enormen Aufschwung. Als Gründer traten verschiedene Körperschaften, Aktiengesellschaften und Privatleute auf. Neben landes- und kreiseigenen Bahnen machten sich vor allem auch finanzkräftige Privatunternehmen einen Namen. Betriebe wie Vering & Waechter, Hermann Bachstein und Lenz & Co sind eng mit der Geschichte deutscher Kleinbahnen verbunden. In Mecklenburg und Pommern wurden die meisten Schmalspurbahnen von dem Stettiner Unternehmen Lenz & Co gebaut und in den ersten Jahren auch von ihm betrieben. Aus wirtschaftlichen Gründen errichtete das Eisenbahnunternehmen sämtliche Strecken nach einheitlichem Muster und setzte einheitliche Fahrzeuge ein.

Zu den sogenannten Lenz-Bahnen zählten auch die drei in diesem Buch vorgestellten Kleinbahnen in Mecklenburg. Nach einer wechselvollen Geschichte ist der größte Teil von ihnen jedoch inzwischen der Betriebseinstellung zum Opfer gefallen. So sind die Franzburger Kreisbahnen wie auch der größte Teil der Rügenschen Schmalspurbahnen längst verschwunden. Neben der Bäderbahn Putbus — Göhren hat lediglich die Strecke Bad Doberan — Kühlungsborn bis heute überlebt.

Mit der Wiedervereinigung beider deutscher Staaten blicken beide Schmalspurbahnen in eine ungewisse Zukunft. Es bleibt zu hoffen, daß der kleine Rest eines früher so umfangreichen Schmalspurnetzes im Norden der früheren DDR die Turbulenzen dieser Zeit übersteht und daß noch viele Jahre Kleinbahnzüge durch das reizvolle norddeutsche Küstenland fahren werden.

Josef Högemann, Juni 1991

Die Rügenschen Kleinbahnen

Vorgeschichte

Der erste Schritt zur Erschließung der Insel Rügen durch die Eisenbahn erfolgte am 1. Juni 1883 mit Inbetriebnahme der Strecke Altefähr — Bergen. Die Verbindung zum Festland stellten Trajektschiffe her, die zwischen den Fähranlagen in Stralsund und Altefähr pendelten. Am 15. August 1889 erhielt die zunächst als Nebenbahn betriebene Strecke Altefähr — Bergen eine Seitenlinie nach Putbus, die am 15. Mai 1890 bis Lauterbach am Rügenschen Bodden verlängert wurde.

Ein Jahr später, ab 1. Juli 1891, rollten Züge über Bergen hinaus bis Saßnitz, einem kleinen Seebad, das bald internationale Bedeutung erringen sollte. Als am 30. April 1897 zum ersten Mal ein Schiff der neu eingerichteten Postdampferlinie Saßnitz — Malmö ablegte, war eine hauptbahnmäßige Aufwertung der Strecke Altefähr — Saßnitz nur noch eine Frage der Zeit. Ab 1. Juli 1890 verkehrten erstmals von Berlin aus durchgehende Schnellzüge bis Saßnitz. Ab 6. April 1904 wurde die Inselstrecke offiziell in eine Hauptbahn umgewandelt. Nun bestand die Möglichkeit, die Strecke Berlin — Stockholm in nur 22 Stunden zurückzulegen.

Für die kleinen und kleinsten Ortschaften abseits der beiden Bahnlinien bestand wenig Aussicht, in absehbarer Zeit in den Genuß des neuen Verkehrsmittels Eisenbahn zu kommen. Trotz alledem hofften einflußreiche Grundbesitzer, unter ihnen Fürst zu Putbus, auf den Bau weiterer Nebenlinien durch den Staat. Die Preußische Staatsbahn, Betreiberin der Rügenschen Eisenbahnstrecken, zeigte sich jedoch wenig geneigt, den Wünschen der weitgehend landwirtschaftlich orientierten Bevölkerung nachzukommen. Dafür gab es gute Gründe; denn im Rahmen der bestehenden Betriebsvorschriften war ein kostendeckender Nebenbahnbetrieb in den ländlichen Regionen Rügens kaum möglich. Es mußte also eine rationellere Betriebsart gefunden werden, um die Existenz solcher Bahnen langfristig zu sichern. Das preußische Kleinbahngesetz vom 27. Juli 1892 gab den Forderungen nach weiteren Eisenbahnlinien neuen Auftrieb. Nun war es möglich, Eisenbahnstrecken nach einfachsten Grundsätzen zu bauen und diese von privaten Gesellschaften betreiben zu lassen.

Noch 1892 kam das schon einige Zeit zuvor diskutierte Projekt einer Kleinbahn von Bergen bis in den Norden der Insel wieder auf die Tagesordnung zahlreicher Versammlungen. Ein halbes Jahr später, am 7. Juli 1893, tagte der Kreisausschuß in Bergen unter Beteiligung namhafter Grundbesitzer mit dem Ziel, den Bau der geplanten Kleinbahn dem Eisenbahnbau- und Betriebsunternehmen Lenz & Co zu übertragen. Mit in diese Pläne aufgenommen wurde ferner das Projekt einer Kleinbahn von Altefähr über Garz, Putbus und Binz nach Sellin, die später einmal bis Göhren verlängert werden sollte. Zunächst ging man von einer Spurweite von 600 mm aus, um auch Wagen der anschließenden Feldbahnen befördern zu können. Für den Güterverkehr war die enge Spur vertretbar, nicht aber für den Personenverkehr, wie ein späterer Besuch bei den Mecklenburg-Pommerschen Schmalspurbahnen in Friedland ergab. So legte man sich schließlich auf die 750-mm-Spur fest.

Bau und Eröffnung der Rügenschen Kleinbahnen

Die am 22. August 1893 gegründete Rügensche Kleinbahn-Aktiengesellschaft beauftragte das Stettiner Eisenbahnbau- und Betriebsunternehmen Lenz & Co mit dem Bau der beiden Kleinbahnstrecken. Noch im Frühjahr 1895 wurden die ersten Arbeiten zwischen Putbus und Binz aufgenommen. Keine vier Monate später, am 21. Juli 1895, rollten zwischen Putbus und Binz bereits die ersten planmäßig verkehrenden Züge. Kurz darauf wurden die Bauarbeiten in Richtung Sellin fortgesetzt. Trotz umfangreicher Erdarbeiten in der Granitz ging es auch in diesem Bereich außergewöhnlich schnell voran. Schon am 23. Mai 1896 konnte die Strecke nach Sellin Ost, dem vorläufigen Endpunkt der Kleinbahn, eröffnet werden.

Wesentlich schwieriger gestalteten sich die Bauarbeiten zwischen Altefähr und Putbus. Im Gegensatz zur bereits fertiggestellten Strecke nach Sellin Ost war fast durchweg hügeliges Gelände zu überwinden, vor allem zwischen Altefähr und Poseritz. Dämme bis zu einer Höhe von 5 m waren gleich mehrfach aufzuschütten, bevor mit dem Legen der Schienen begonnen werden konnte. So vergingen weitere Monate, bevor am 4. Juli 1896 der durchgehende Zugverkehr zwischen Altefähr und Sellin aufgenommen werden konnte.

Während auf der Südstrecke die ersten Züge rollten, traten die Bauarbeiten auf der Strecke Bergen — Altenkirchen in die Endphase. Zu diesem Zeitpunkt war noch immer nicht klar, ob die etwa 200 m breite Engstelle zwischen dem Rassow-Strom und dem Breetzer Bodden bei Fährhof nun

Eine Postkarte aus dem Jahr 1955 zeigt die Lok 99 4602 vor einem langen Personenzug am Hafen von Wiek.
Foto: Stavinski / Sammlung Gerhard Moll

mit Hilfe einer Brücke oder aber mit einer Eisenbahnfähre überwunden werden sollte. Obwohl sich der Rügensche Kreistag bereits in einer Sitzung vom 9. März 1896 eindeutig zugunsten einer Brücke entschieden hatte, mußte die Verbindung schließlich mit den beiden Fährschiffen „Jasmund" und „Wittow" hergestellt werden. Die Abnahmefahrt zwischen Bergen und Altenkirchen erfolgte bei starkem Schneetreiben am 16. Dezember 1896. Fünf Tage später, am 21. Dezember 1896, wurde die Strecke dem öffentlichen Verkehr übergeben.

Anfang des Jahres 1897 setzten die Rügenschen Kleinbahnen den Bau der Bäderstrecke nach Göhren fort. Schon vor dem Eisenbahnbau erfreuten sich die Badeorte im Südosten der Insel großer Beliebtheit. Vor allem zahlungskräftige Personen zog es alljährlich hierher. Als dann ab 13. Oktober 1899 die Züge bis Göhren fuhren, erlebten die Badeorte einen ungeahnten Aufschwung. Gegenüber der Pferdekutsche bot die Schmalspurbahn immerhin einen wesentlich höheren Komfort.

Die ersten Betriebsjahre

Nach Fertigstellung der beiden Schmalspurbahnen wurde das Kleinbahnunternehmen am 20. Oktober 1900 in das Handelsregister des Königlichen Amtsgerichts in Bergen eingetragen. Schon während der ersten Betriebsjahre zeigte sich deutlich die herausragende Stellung des Streckenabschnitts Putbus – Göhren im Personenverkehr, während das Aufkommen auf den anderen Streckenteilen dagegen vergleichsweise niedrig blieb. Hier dominierte eindeutig der Güterverkehr mit landwirtschaftlichen Produkten, besonders in den Frühjahrs- und Herbstmonaten.

Nach wie vor war die Kleinbahngesellschaft an dem Bau einer Brücke an der Wittower Fähre interessiert, verursachte der Fährbetrieb doch erhebliche Kosten. Man ging gar soweit, das zwischen Bergen und Altenkirchen eingefahrene Defizit der fehlenden Brücke anzulasten. Trotz aller Bemühungen kam auch in den folgenden Jahren der Brückenbau nicht zustande. Offensichtlich hatten sich die Fischer am Breetzer Bodden mit ihren Einsprüchen durchsetzen können.

Weitere Projekte

Zur Steigerung der Rentabilität planten die Rügenschen Kleinbahnen schon kurz nach Inbetriebnahme ihrer beiden Schmalspurstrecken Erweiterungsmaßnahmen, die vor allem dem Güterverkehr neue Kundschaft sichern sollten. Eines der Vorhaben betraf den Anschluß des Lauterbacher Hafens an die Strecke Altefähr – Göhren. Den Plänen zufolge sollte in Vilmnitz ein Gleis abzweigen und von dort auf relativ kurzem Weg nach Lauterbach führen. Nach einigem Hin und Her wurde das Vorhaben schließlich aufgegeben, offensichtlich mangels entsprechender Nachfrage.

Ein weiteres interessantes Projekt sah die Verlängerung der Strecke Bergen – Altenkirchen bis zum Kap Arkona an der nördlichsten Spitze der Insel Rügen vor. Dadurch erhoffte sich das Kleinbahnunternehmen auch auf der Nordstrecke einen starken Zuwachs im Personenverkehr durch den zunehmenden Tourismus. Außerdem war eine nicht unbedeutende Steigerung im Güterverkehr zu erwarten. Das bisherige Frachtaufkommen mit landwirtschaftlichen Erzeugnissen war höchst unbefriedigend, wurden diese doch vielfach, ohne ein nochmaliges Umladen auf die Kleinbahn direkt per Fuhrwerk zum Hafen Wiek transportiert. Die neue Strecke sollte hier eine Veränderung erwirken. Ferner war ein nicht unbedeutender Transport von Kreide zu erwarten. Viele Jahre ist über dieses Vorhaben diskutiert worden, jedoch ohne Erfolg. Ende der zwanziger Jahre scheiterte das Projekt endgültig, als man das Gebiet um Kap Arkona zum Landschaftsschutzgebiet erklärte.

Ein Projekt ganz anderer Qualität war der vom Rügenschen Ostsee-Bäderverband geforderte Umbau der Bäderbahn Putbus – Göhren auf Regelspur, drohten doch die verkehrsmäßig wesentlich günstiger erschlossenen Seebäder auf der benachbarten Insel Usedom den Hauptanteil der Feriengäste an sich zu ziehen. Der Kleinbahnzug war nach Meinung des Bäderverbandes nicht mehr zeitgemäß. Nicht nur das Umsteigen hatte eine angeblich abschreckende Wirkung auf den Gast, vielmehr hielt man die kurzen, zweiachsigen und engen Wagen ohne Toiletten für nicht mehr zumutbar. Die Bahn reagierte prompt und beschaffte neben leistungsfähigeren Lokomotiven neue vierachsige Personenwagen mit Toiletteneinrichtung. Doch ohne die Wirkung der neuen Betriebsmittel abzuwarten, beschloß der Rügensche Kreistag in einer Sitzung am 18. März 1913, sämtliche Investitionen für den Streckenabschnitt Putbus – Göhren ab sofort zu streichen, da nach Meinung der beteiligten Politiker die Leistungsfähigkeit der Schmalspurbahn ihre Grenze erreicht hatte. Eine Verbesserung der Verkehrsverhältnisse versprach man sich ausschließlich durch eine Regelspurstrecke.

Weitere Schritte verhinderte der 1. Weltkrieg. Erst Anfang der zwanziger Jahre lebte die Diskussion bezüglich einer Regelspurstrecke nach Göhren erneut auf. Inzwischen waren jedoch auch andere Varianten in die Diskussion gekommen. Einer dieser Vorschläge sah eine Neubaustrecke von Samtes, einem Bahnhof an der Strecke Altefähr – Bergen, bis zum Bahnhof Karnitz der Rügenschen Kleinbahnen vor. Im Anschluß an die Neubaustrecke sollte die bestehende Kleinbahn begradigt, auf Regelspur umgebaut und sogar über Göhren hinaus bis zum Südzipfel des Mönchsgutes nach Thießow geführt werden.

In den Folgejahren ist das Vorhaben immer wieder neu aufgegriffen worden, ohne jedoch in die Tat umgesetzt zu werden. Mehr und mehr drängte sich nun die Deutsche Reichsbahn-Gesellschaft in den Vordergrund mit dem Ziel, selbst in das Projekt einzusteigen. Dem Geschäftsbericht 1935/36 der Rügenschen Kleinbahnen ist zu entnehmen, daß das Umbauvorhaben durch die DRG nun endgültig zugunsten einer staatseigenen Verbindung Lietzow – Mukran – Binz verhindert wurde. Diese Strecke wurde am 15. Mai 1938 in Betrieb genommen und sollte später bis Göhren weitergeführt werden. Diese Pläne verhinderte jedoch der 2. Weltkrieg.

Die weitere Entwicklung

Nach Ablauf des 15. Geschäftsjahres wurde das Eisenbahnbau- und Betriebsunternehmen Lenz & Co aus den Verträgen entlassen. Am 1. April 1910 übernahm der Provinzialverband der Provinz Pommern die Betriebsführung. Im Zusammenhang mit der Forderung nach Ausbau der Strecke Putbus — Göhren auf Normalspur leiteten die Rügenschen Kleinbahnen Maßnahmen zur Modernisierung des Bahnbetriebes ein. So wurden neue Betriebsmittel beschafft und Verbesserungen an den Gleisanlagen vorgenommen. Ferner wurde der Trajektverkehr an der Wittower Fähre zur Beschleunigung des Gütertransportes auf der Nordstrecke ausgebaut. Mit Hilfe staatlicher Mittel folgten weitere Investitionen, die vor allem dem Umbau des Bahnhofs Putbus zugute kamen. Unter anderem wurde die niveaugleiche Kreuzung mit der Staatsbahnstrecke Bergen — Lauterbach bei Putbus durch den Bau eines Überführungsbauwerks ersetzt.

Während des 1. Weltkriegs entstanden in Wiek und auf der Halbinsel Bug südlich der Ortschaft Dranske Marineflugstationen. Um die militärischen Anlagen auf Bug an die Kleinbahn anschließen zu können, baute man bis zum 1. November 1918 eine Stichstrecke, die nördlich von Wiek von der Schmalspurbahn abzweigte. Neben militärischen Transportaufgaben erhofften sich die Rügenschen Kleinbahnen auch einen Anstieg im regulären Güterverkehr, waren doch die von der neuen Anschlußstrecke berührten Gebiete bis zu diesem Zeitpunkt verkehrsmäßig kaum erschlossen. Doch diese Hoffnungen bestätigten sich nicht. Schon 1920 wurde ein Großteil der Anschlußstrecke stillgelegt, lediglich ein kurzer Abschnitt westlich der Abzweigstelle Buhrkow wurde mit Pferden des Gutes Dranske als landwirtschaftlicher Gleisanschluß weiterbetrieben.

Personenzug nach Putbus um 1927 in Baabe; den Zug führt Lok 51M oder 52M. Die Baracken zeigen, wie sehr Baabe nach dem Bau der Schmalspurbahn als Badeort aufblühte.
Sammlung: Helmut Griebl

*Einer guten Pflege erfreuen sich die Schmalspurlokomotiven auf Rügen! Daß dies auch schon im Jahr 1966 der Fall war, zeigt die Aufnahme der 99 553 in Putbus.
Foto: Heinrich Räer*

1920 wechselte erneut die Betriebsführung der Rügenschen Kleinbahnen. Mit Wirkung vom 1. April 1920 übernahm die Vereinigung vorpommerscher Kleinbahnen GmbH mit Sitz in Stralsund den Bahnbetrieb. Die Verkehrsleistungen waren zu diesem Zeitpunkt infolge der zunehmenden Inflation äußerst bescheiden. Hinzu kam starke Konkurrenz durch den zunehmenden Kraftverkehr. Mehrere Buslinien der Reichspost sorgten für einen weiteren Rückgang der Fahrgäste, so daß das Zugangebot auf der Kleinbahn drastisch zurückgenommen wurde. Immer mehr geriet der Bahnbetrieb in finanzielle Schwierigkeiten. Der Geschäftsbericht 1922/23 wies einen Verlustbetrag von 1.072.447.426,34 Mark aus und hätte nach den Bestimmungen des Handelsgesetzbuches unmittelbar zum Konkurs führen müssen. Um dies zu vermeiden wurde bei den Gutsbesitzern um die Zuteilung großer Mengen Getreide für den Bahntransport geworben. Die Verhandlungen führten zum Erfolg und so konnte das Schlimmste noch einmal abgewendet werden.

Nach dem Ende der Inflation begann eine allmähliche Normalisierung der Verhältnisse. Unter anderem setzte eine lebhafte Bautätigkeit ein. Wichtigste Bauvorhaben waren je ein Lokschuppen in Fährhof und Wittower Fähre sowie ein repräsentatives Stationsgebäude in Göhren. Auch der Bahnhof Bergen erhielt ein neues Empfangsgebäude in ähnlicher Form wie das in Baabe aus der Zeit unmittelbar nach dem 1. Weltkrieg. Investiert wurde auch in die Verbesserung des Oberbaus mit dem Ziel, die Geschwindigkeit im Personenverkehr heraufzusetzen. 1930 wurden neue Höchstgeschwindigkeiten festgelegt. Anstelle von bisher 25 Stundenkilometern durfte zwischen Putbus und Göhren nun maximal 30 km/h schnell gefahren werden. Auch auf der Nordstrecke zwischen Bergen und Altenkirchen wurde die zulässige Geschwindigkeit um 5 km/h auf 25 Stundenkilometer erhöht.

Um den schwachen Personenverkehr auf der Nordstrecke zu beschleunigen und dem immer stärker werdenden Kraftverkehr zu begegnen, wurden 1937 Reise- und Güterverkehr voneinander getrennt. Für die Personenbeförderung beschaffte die Kleinbahn einen vierachsigen Dieseltriebwagen, der ohne weiteres in der Lage war, die gesamte Strecke zwischen Bergen und Altenkirchen einschließlich des Trajektierens in 90 Minuten zurückzulegen. Damit hatte man im Hinblick auf den Straßenverkehr erstmals etwas wirklich Konkurrenzfähiges zu bieten.

Am 1. Januar 1940 erfolgte die Gründung der „Pommerschen Landesbahnen" als Körperschaft des öffentlichen Rechts mit einem Stammkapital von 20 Millionen Mark. Ziel war es, alle 24 Bahnen in der Region zusammenzuschließen und sozusa-

*Güterzug mit Personenbeförderung auf der Nordstrecke bei Wittow am 17. September 1965. Den Zug führt die ehemalige Heeresfeldbahndampflok 99 4653.
Foto: Hans Müller*

gen als Konzern mit einheitlicher Verwaltung, homogenem Fahrzeugpark usw. wesentlich konkurrenzfähiger zu betreiben. Gleichzeitig wurden die bis dahin bestehenden Aktiengesellschaften aufgelöst. Das Vermögen der Kleinbahnen, unter anderem auch das der Rügenschen Kleinbahnen, ging auf das neue Unternehmen über. Sofort erfolgte eine Bestandsaufnahme, um möglichst kurzfristig sowohl technische als auch organisatorische Verbesserungen herbeizuführen. Dazu kam es in Anbetracht des 2. Weltkrieges nicht mehr.

Nach dem Zusammenbruch des „Dritten Reiches" kam der Bahnbetrieb nur langsam wieder in Gang, obwohl keine nennenswerten Schäden an Fahrzeugen und Anlagen zu verzeichnen waren. Die Hauptursache lag darin, daß infolge Zerstörung des Rügendammes keine ausreichende Versorgung der Insel – u.a. mit Kohle – möglich war. Um überhaupt fahren zu können, mußten die Lokomotiven mit Holz befeuert werden. Nicht selten benötigte ein Zug in dieser Zeit bis zu 24 Stunden für die Fahrt von Bergen nach Altenkirchen.

Die Wiederherstellung des Rügendammes brachte ab Oktober 1948 eine spürbare Verbesserung für die Bevölkerung Rügens. Nachdem wieder ausreichend Kohle zur Verfügung stand, konnte der Fahrplan erweitert werden. Noch immer wurden die Schmalspurbahnen auf Rügen von den Pommerschen Landesbahnen betrieben. Am 1. April 1949 erfolgte die Umwandlung in „Volkseigentum" und somit die Übernahme durch die Deutsche Reichsbahn der DDR.

Die Rügenschen Kleinbahnen als Bestandteil der Deutschen Reichsbahn

Nach der Verstaatlichung wurde der Kleinbahnbetrieb der Reichsbahndirektion Greifswald, Reichsbahnamt Stralsund, unterstellt. Mit dem Wiederaufleben des Urlauberverkehrs nahm der Personenverkehr stark zu, vor allem auf der Bäderstrecke Putbus – Göhren. In dieser Zeit hat die Kleinbahn von den Feriengästen den Namen „Rasender Roland" erhalten. Die Deutsche Reichsbahn nahm die günstige Entwicklung zur Kenntnis und setzte von anderen Bahnen zahlreiche Betriebsmittel um. Vor allem Lokomotiven sächsischer Schmalspurbahnen bestimmten von nun an zunehmend das Bild.

Wesentlich ungünstiger verlief dagegen die Entwicklung im Güterverkehr. Hier hatte die zunehmende Motorisierung in der Landwirtschaft der Bahn einen nicht unerheblichen Teil ihrer bisherigen Frachten entzogen. Dieser Trend setzte sich in den Folgejahren weiter fort, so daß Mitte der sechziger Jahre ernsthaft über Teilstillegungen diskutiert wurde. Die mangelnde Wirtschaftlichkeit der Rügenschen Schmalspurbahnen, die nun mehr und mehr auch den Personenverkehr betraf, forderte im Jahr 1967 ihr erstes Opfer. Mit Wirkung vom 23. September 1967 wurde jeglicher Zugverkehr zwischen Altefähr und Putbus eingestellt, die Strecke bald darauf abgebaut. Der nächste Schritt erfolgte wenig später durch Einstellung des Güterverkehrs Putbus – Göhren. Schon damals war klar, daß das gesamte Schmal-

Zwischenhalt in Prosnitz, einer kleinen Station zwischen Altefähr und Putbus. Kleinbahnmäßig sind auch der Wasserkran und das Stationsgebäude! Foto: Heinrich Räer

spurnetz in den nächsten Jahren der Stillegung zum Opfer fallen würde. Selbst die ansonsten noch gut frequentierte Bäderbahn Putbus — Göhren sollte bis spätestens 1976 ihren Betrieb einstellen.

Am 10. September 1968 erfolgte die Stillegung des landschaftlich reizvollen Abschnittes Fährhof — Altenkirchen. Nur gut ein Jahr später, am 20. Januar 1970, boten starke Schneeverwehungen einen willkommenen Anlaß zur Betriebseinstellung zwischen Bergen und Wittower Fähre. Lediglich zwischen Bergen und Trent wurde bis Anfang des Jahres 1971 der Wagenladungsverkehr aufrechterhalten.

Damit war von dem einstmals großen Netz der Rügenschen Schmalspurbahnen nur noch die Bäderbahn Putbus — Göhren erhalten geblieben.

In den siebziger Jahren regte sich im Süden der Insel Rügen zunehmend Widerspruch gegen das Vorhaben der Deutschen Reichsbahn, den Eisenbahnbetrieb zwischen Putbus und Göhren ab 1976 einzustellen. Deutlich wurde dieses vor allem am 19. Oktober 1974 anläßlich des 75-jährigen Bestehens der Bäderbahn Putbus — Göhren.

Das wenig später von der DDR-Regierung erlassene Denkmalschutzgesetz schuf eine entscheidende Grundlage zum langfristigen Erhalt der Bahn. In einem Beschluß des Rates des Bezirks Rostock fiel wenig später der Beschluß, die Schmalspurbahn Bahn unter Denkmalschutz zu stellen. Unverzüglich wurde mit der Sanierung der heruntergekommenen Anlagen begonnen. Die eingeleiteten Maßnahmen umfaßten sowohl die Gleisanlagen und Betriebsmittel, wie auch die Hochbauten.

Mit dem Ende der DDR blickt die Bäderbahn Putbus — Göhren erneut in eine

*Der Unkrautsprengzug ist heute mehr denn je umstritten. Als im September 1965 die Lok 99 4653 mit einem solchen Zug auf der Halbinsel Wittow unterwegs war, waren mögliche Folgen für die Umwelt noch kein Thema.
Foto:
Hans Müller*

ungewisse Zukunft. Der seinerzeit gefaßte Entschluß, die Bahn als technisches Denkmal zu erhalten, besteht nicht mehr. In der Form, wie die Bäderbahn bisher betrieben wurde, wird sie nicht überleben können. Gefragt sind neue Konzepte, die den zukünftig stark wachsenden Tourismus auf der Insel mit einbeziehen. Dazu gehört auch eine angemessene Kostenbeteiligung von Land, Kreisen und Kommunen. Sollte aber die noch immer von der Deutschen Reichsbahn betriebene Strecke in Zukunft einzig und allein dem freien Spiel der Marktwirtschaft ausgesetzt sein, ist das Ende schon heute abzusehen.

Der Triebfahrzeugpark

Bei Inbetriebnahme des Streckenabschnitts Putbus — Binz standen den Rügenschen Kleinbahnen sechs zweiachsige Tenderlokomotiven zur Verfügung, die 1895 bei Vulcan gebaut worden waren. Die ohne großen technischen Aufwand konstruierten Maschinen entsprachen den Lenz-Normalien vom Typ „n" und waren für leichte Züge auf Flachlandstrecken geeignet. Es zeigte sich jedoch bald, daß die kleinen B-Kuppler mit den Betriebsnummern 1-6 den Anforderungen kaum gewachsen waren. So wurden im darauffolgenden Jahr zwei stärkere B-Kuppler vom Typ „m" von Vulcan geliefert und mit den Betriebsnummern 7 und 8 in den Lokomotivpark eingereiht. Neben der größeren Zugkraft besaßen diese beiden Maschinen einen um 200 mm vergrößerten Achsstand, der sich positiv auf die Laufruhe auswirkte. Bis kurz nach dem 2. Weltkrieg waren bis auf eine Ausnahme alle B-Kuppler ausgemustert. Lediglich die Lok mit der Betriebsnummer 7 sowie eine im Jahr 1932 von der Demminer Kleinbahn West übernommene zweiachsige Maschine erhielten Reichsbahnnummern und standen bis 1964 (99 4602) und 1965 (99 4603) im

Oben: Die Lok 99 4603 gehörte einst als Lok 7m zur Erstausstattung der Rügenschen Kleinbahnen. Am 22. August 1966 stand sie noch in Fährhof. Foto: Heinrich Räer
Unten: 1911 lieferte Hanomag die Mallet-Lok 35nn, welche noch bis 1966 als 99 4525 im Einsatz stand. Sammlung: H.G. Hesselink

Dienst.

Nach der Jahrhundertwende zeigte sich in Anbetracht steigender Zuglasten mehr und mehr die mangelnde Leistungsfähigkeit der kleinen B-Kuppler aus den Anfangsjahren. So mußten immer häufiger Züge mit zwei Lokomotiven bespannt werden. Um diesem Übel abzuhelfen, wurden fünf leistungsfähige Malletlokomotiven bestellt. Vier Maschinen lieferte erneut Vulcan, eine fünfte die Firma Hanomag. Diese, dem Lenz-Typ „nn" entsprechende, besonders kurvengängige Bauart war mit zwei Triebwerken versehen. Das vorn liegende Niederdrucktriebwerk war als Drehgestell ausgeführt, das hintere Hochdrucktriebwerk fest mit dem Lokrahmen verbunden. Eingereiht wurden die fünf Lokomotiven als Nr. 31-35. Nach Übernahme durch die Deutsche Reichsbahn im Jahr 1949 erhielten sie die Betriebsnummern 99 4521-4525 und standen bis Mitte der sechziger Jahre im Dienst.

Im Zusammenhang mit Überlegungen, die Bäderbahn Putbus — Göhren auf Regelspur umzubauen, wurden 1913 bei Vulcan zwei vierachsige Lokomotiven mit starrem Rahmen in Auftrag gegeben. Damit sollte ein erster Schritt zur Modernisierung des Bäderverkehrs getan werden. Vulcan entwickelte daraufhin eine vierfach gekuppelte Lok mit einem Triebwerk der Bauart Gölsdorf mit seitenverschiebbaren Achsen und stellte gleichzeitig den Bau von Mallet-Lokomotiven ein. Zwei dieser neu entwickelten Lokomotiven vom Typ „M" erhielten die Rügenschen Kleinbahnen in den Jahren 1913 und 1914. 1927 wurden die mit den Betriebsnummern 51 und 52 versehenen D-Kuppler auf Heißdampfbetrieb umgebaut.

Eine dritte, den beiden Vorgängern sehr ähnliche Lokomotive, kam im Jahr 1925 zu den Rügenschen Kleinbahnen. Lieferant war wiederum Vulcan. Entgegen den beiden vorhandenen D-Kupplern wurde die mit der Betriebsnummer 53 versehene Lokomotive gleich in Heißdampfausführung geliefert. Bei Übernahme durch die Deutsche Reichsbahn erhielten

Aus der Anfangszeit der Rügenschen Kleinbahnen stammte auch die Lok 11o (aufgenommen um 1935).
Foto: Carl Bellingrodt / Sammlung: Helmut Griebl

die drei vierachsigen Maschinen die Betriebsnummern 99 4631-4633. Zwei dieser formschönen Lokomotiven sind noch heute auf Rügen vorhanden.

Günstig konnten die Rügenschen Kleinbahnen im Jahr 1928 zwei dreiachsige Hanomag-Lokomotiven der Altmärkischen Kleinbahn Klötze – Wernstedt – Vinzelberg übernehmen, deren Strecke teilweise auf Normalspur umgebaut, teils aber auch stillgelegt worden war. Eingesetzt wurden die für den Streckendienst wenig geeigneten Lokomotiven bis kurz nach dem Krieg, vorwiegend in der Zeit der Rübenernte. 1947 wurden die beiden mit den Betriebsnummern 11 und 12 versehenen C-Kuppler ausgemustert und verschrottet.

Unter Verwaltung der Pommerschen Landesbahnen gelangte eine technisch interessante Lokomotive nach Rügen. Die zweigeteilte Triebwerkskonstruktion mit Schwinghebel der Bauart „Hagans" besaß eine technisch sehr aufwendige Mechanik zum Erreichen einer guten Kurvenläufigkeit. Ursprünglich gebaut worden war sie für die Oberschlesischen Schmalspurbahnen, kam später über die Kleinbahn Rosenberg – Landsberg zur Zuckerfabrik Stavenhagen und wurde 1948 von den Rü-

Werkfoto der Lok 51M, die später die Reichsbahnnummer 99 4631 erhielt und heute als technisches Denkmal in Lehrte steht. Sammlung H.G. Hesselink

Lokomotiven und Triebwagen der Rügenschen Schmalspurbahnen

RüKlb Nr.	DR-Nr.	Bauart	Hersteller	Baujahr	Bemerkungen
1n		B-n2t	Vulcan	1895	1922 ausgemustert
2n		B-n2t	Vulcan	1895	1932 ausgemustert
3n		B-n2t	Vulcan	1895	vor 1928 ausgemustert
4n		B-n2t	Vulcan	1895	1948 ausgemustert
5n		B-n2t	Vulcan	1895	um 1928 ausgemustert
6n		B-n2t	Vulcan	1895	1948 ausgemustert
7m	99 4602	B-n2t	Vulcan	1896	1964 ausgemustert
8m		B-n2t	Vulcan	1896	um 1949 ausgemustert
9m	99 4603	B-n2t	Henschel	1912	1932 von Demminer Kb. West, 1965 ausgem.
11o		C-n2t	Hanomag	1902	um 1947 ausgemustert
12o		C-n2t	Hanomag	1910	um 1947 ausgemustert
31nn	99 4521	B'B-n4vt	Vulcan	1902	1965 ausgemustert
32nn	99 4522	B'B-n4vt	Vulcan	1903	um 1963 ausgemustert
33nn	99 4523	B'B-n4vt	Vulcan	1905	1965 ausgemustert
34nn	99 4524	B'B-n4vt	Vulcan	1908	1965 ausgemustert
35nn	99 4525	B'B-n4vt	Hanomag	1911	1966 ausgemustert
51M	99 4631	D-h2t	Vulcan	1913	bis 1927 Naßdampflok, 1982 ausgemustert
52M	99 4632	D-h2t	Vulcan	1914	bis 1927 Naßdampflok
53Mh	99 4633	D-h2t	Vulcan	1925	
	99 4621	C2'-n2t	Hagans	1901	1948 von Zuckerfabrik Stavenhagen, 1965 ausgemustert

genschen Kleinbahnen übernommen. Zu diesem Zeitpunkt war das komplizierte Triebwerk schon ausgebaut. Die beiden hinteren Kuppelachsen dienten lediglich noch als reine Laufachsen. Eingesetzt wurde der 1965 ausgemusterte Einzelgänger vorwiegend auf der Nordstrecke Bergen — Altenkirchen.

Nach Übernahme der Rügenschen Kleinbahnen durch die Deutsche Reichsbahn erhielten alle vorhandenen Triebfahrzeuge Betriebsnummern nach dem Reichsbahn-Schema. Als Ersatz für ausgemusterte Lokomotiven und Wagen kamen nun mehr und mehr Fahrzeuge anderer Bahnen auf den Rügenschen Schmalspurstrecken zum Einsatz. Eine besondere Rolle spielten zahlreiche Lokomotiven der Bauart Meyer, die von sächsischen Schmalspurstrecken in den hohen Norden geschickt wurden. Rein äußerlich hatten sie eine gewisse Ähnlichkeit mit den Mallet-Loks, unterschieden sich aber in der technischen Ausführung des Fahrwerks deutlich von ihnen. Mit zwei zweiachsigen, drehbar gelagerten Triebwerksgruppen besaßen die Meyer-Maschinen eine hervorragende Bogenläufigkeit. Einige von ihnen standen bis 1968 auf der Insel Rügen im Einsatz.

Im Jahr 1961 kam eine Lok mit der Betriebsnummer 99 4511 von der stillgelegten Kleinbahn Nauen — Senzke — Kriele nach Rügen. Die Maschine mit der seltenen Achsfolge C1 wurde vorwiegend auf dem Abschnitt Fährhof — Altenkirchen eingesetzt, ehe sie 1964 im Zuge einer Hauptuntersuchung ihre hintere Laufachse verlor und zu den Schmalspurstrecken in der Prignitz umstationiert wurde.

1965 wurde das Streckennetz der ehemaligen Jüterbog-Luckenwalder Kreiskleinbahnen stillgelegt. Drei der hier stationierten ehemaligen Heeresfeldbahnlokomotiven kamen auf die Insel Rügen, um die alten Lenz-Maschinen 99 4602 und 99 4603 abzulösen. Es handelte sich dabei um dreiachsige Naßdampfloks mit Schlepptender, die als 99 4651-4653 bis zur Stille-

*Die 99 4652 war ursprünglich für die Heeresfeldbahn gebaut worden und kam über die Jüterbog-Luckenwalder Kreiskleinbahnen nach Rügen. Am 16. Juni 1968 verrichtete sie Rangierdienst an der Wittower Fähre. Seit 1974 gehört sie der Dampfkleinbahn Mühlenstroth und fährt heute auf der Bregenzerwaldbahn in Österreich.
Foto: Alfred Luft*

*1961 war die 99 553 von Mügeln nach Rügen versetzt worden. Die Aufnahme entstand am 22. August 1966 in Putbus.
Foto: Heinrich Räer*

gung der Nordstrecke im Jahr 1968 auf Rügen im Einsatz waren.

Zwei relativ moderne Heißdampflokomotiven der Achsfolge 1D kamen 1965 nach Rügen. Die beiden mit den Betriebsnummern 99 4801 und 99 4802 versehenen Maschinen waren 1965 nach Stillegung des restlichen Streckennetzes der Kleinbahnen im Kreis Jerichow I arbeitslos geworden. Noch heute stehen diese formschönen Lokomotiven zeitweise zwischen Putbus und Göhren im Einsatz. Zwei weitere Dampflokomotiven der Kleinbahnen des Kreises Jerichow I kamen 1969 mit einem Umweg über die Westprignitzer Kleinbahnen nach deren Stillegung ebenfalls nach Rügen. Es handelte sich dabei um D-gekuppelte Naßdampfmaschinen mit den Reichsbahnnummern 99 4643 und 99 4644. Schon 1970 wurden beide Maschinen ausgemustert. Die zuletzt genannte Maschine blieb in Neustrelitz als Denkmal erhalten.

Das zunehmende Alter der zwischen Putbus und Göhren eingesetzten Dampflokomotiven veranlaßte im Jahr 1977 die Deutsche Reichsbahn, die Verwendungsfähigkeit der auf den sächsischen Schmalspurbahnen eingesetzten 1E1-Lokomotiven zu testen. Das Ergebnis war durchaus zufriedenstellend. Dennoch vergingen mehrere Jahre, bevor die Reichsbahn 1983 mit der 99 1784 die erste Maschine von Zittau nach Putbus umbeheimatete. Wenig später folgte die 99 1782.

Erste Ansätze zum Einsatz von Triebwagen auf der Nordstrecke der Rügenschen Kleinbahnen gab es schon Mitte der zwanziger Jahre. Um den schwachen Personenverkehr wirtschaftlicher zu gestalten, wurde der Umbau eines vorhandenen Personenwagens in einen benzingetriebenen Triebwagen erwogen. Mangelnde Erfahrung beim Bau derartiger Fahrzeuge verhinderte jedoch die Ausführung dieses Vorhabens.

Am 11. Februar 1937 wurde ein vierachsiger Triebwagen der Waggonfabrik Dessau beschafft und als T 1 in Dienst gestellt. Das mit einer Druckluftbremse ausgerüstete Fahrzeug hatte eine Leistung von 70 kW und war in der Lage, bis zu drei, ebenfalls auf das Druckluftbremssystem umgebaute Personenwagen zu befördern. Die Maschinenanlage bestand aus einem 6-Zylinder-Dieselmotor mit mechanischem Getriebe.

Der Triebwagen bewährte sich gut. Neben einem verbesserten Komfort gegenüber den althergebrachten Personenwagen zeichnete er sich vor allem durch seine Wirtschaftlichkeit aus. Mehr als 240 km

Nach 1949 von der Deutschen Reichsbahn eingesetzte Dampflokomotiven

DR-Nr.	Bauart	Hersteller	Baujahr	Bemerkungen
99 525	B'B-n4vt	Hartmann	1894	6.6.1956 von Thum, 12.11.1956 nach Mügeln
99 530	B'B-n4vt	Hartmann	1896	5.6.1962 von Thum, 25.6.1952 nach Eppendorf
99 539	B'B-n4vt	Hartmann	1899	Sommer 1955 von Mügeln, Verbleib?
99 542	B'B-n4vt	Hartmann	1899	25.4.1956 von Nossen, 21.4.1959 nach Mügeln
99 545	B'B-n4vt	Hartmann	1908	18.6.1963 von Mügeln, Juni 1967 ausgemustert
99 552	B'B-n4vt	Hartmann	1908	16.4.1956 von Mügeln, 21.6.1956 nach Mügeln und 24.8.1965 von Mügeln, Nov. 1967 ausgemustert
99 553	B'B-n4vt	Hartmann	1908	6.5.1955 von Nauen, 21.1.1961 nach Mügeln und am 21.11.1961 von Mügeln, 1967 ausgemustert
99 556	B'B-n4vt	Hartmann	1908	21.3.1961 von Döbeln, Juni 1968 ausgemustert
99 562	B'B-n4vt	Hartmann	1909	20.5.1954 von Mügeln, 17.10.1954 nach Mügeln und am 3.12.1954 von Mügeln, 15.1.1959 nach Mügeln
99 567	B'B-n4vt	Hartmann	1910	9.3.1964 von Mügeln, Juni 1967 ausgemustert
99 570	B'B-n4vt	Hartmann	1910	15.4.1958 von Eppendorf, Nov. 1967 ausgemustert
99 575	B'B-n4vt	Hartmann	1912	28.5.1957 von Zittau, 26.8.1958 nach Wolkenstein
99 587	B'B-n4vt	Hartmann	1913	9.4.1961 von Kirchberg, 1970 ausgemustert
99 589	B'B-n4vt	Hartmann	1913	6.6.1956 von Kirchberg, 12.9.1956 nach Kirchberg
99 591	B'B-n4vt	Hartmann	1913	30.6.1955 von Kirchberg, 5.9.1956 nach Kirchberg
99 595	B'B-n4vt	Hartmann	1914	16.9.1963 von Zittau, 11.10.1963 nach Mügeln und 25.5.1964 von Mügeln, Juni 1967 ausgemustert
99 604	B'B-n4vt	Hartmann	1914	18.6.1959 von Mügeln, 30.8.1962 nach Mügeln
99 644	E-h2t	Henschel	1918	Sommer 1952 von/nach Wilsdruff
99 1735	1'E1'-h2t	Babelsberg	1928	Juni 1977 von Zittau, August 1977 nach Zittau
99 1782	1'E1'-h2t	Babelsberg	1953	Mai 1984 von Zittau
99 1784	1'E1'-h2t	Babelsberg	1953	Juni 1983 von Zittau
99 4511	C1'-n2t	Krauss	1899	ehem. Rathenow-Senzke-Nauen (3), 1961 nach Putbus (für Einsatz Fährhof-Altenkirchen), Ende 1964 bis 1966 Umbau in Görlitz (danach C-n2t), 1965 an Prignitzer Kreisbahnen
99 4532	D-n2t	O & K	1924	1962 von Wernshausen, 1963 nach Zittau
99 4643	D-n2t	O & K	1922	1969 von Perleberg, 1970 ausgemustert
99 4644	D-n2t	O & K	1923	1969 von Perleberg, 1970 ausgemustert, Denkmal in Neustrelitz
99 4651	C-n2	Henschel	1941	von Jüterbog-Luckenwalde, 1968 ausgemustert und ohne Tender verkauft an einen Industriebetrieb in der DDR (Zuckerfabrik Ueckermünde?)
99 4652	C-n2	Henschel	1941	1965 von Jüterbog-Luckenwalde, 1968 ausgemustert und 1974 verkauft an Dampfkleinb. Mühlenstroth ("Frank S")
99 4653	C-n2	Jung	1944	1965 von Jüterbog-Luckenwalde, 1968 ausgem.
99 4801	1'D-h2t	Henschel	1938	1965 von Burg
99 4802	1'D-h2t	Henschel	1938	1965 von Burg

hatte der Vierachser täglich zwischen Bergen und Altenkirchen zurückzulegen. Das hohe Laufpensum führte zu erheblichen Verschleißerscheinungen an der Maschinenanlage, so daß 1938 der Ankauf eines zweiten Fahrzeuges für Reservezwecke vorgesehen wurde. Der 2. Weltkrieg verhinderte jedoch weitere Beschaffungen. 1942 wurde der T 1 an die Greifswald-Jarmener Kleinbahn verkauft und der Personenverkehr auf der Nordstrecke wieder auf Dampfbetrieb umgestellt.

Im Dezember 1957 kam ein technisch interessanter Triebwagen nach Rügen. Das als VT 137 600 bezeichnete Fahrzeug bestand aus zwei vierachsigen Endwagen mit dazwischen eingehängtem Maschinenteil und war mit zwei 55-kW-Dieselmotoren ausgerüstet. Über ein mechanisches Getriebe und Kardanwellen wurden jeweils die der Maschinenanlage nächstliegenden Achsen angetrieben. Das technisch sehr unvollkommene Fahrzeug stammte vom Zittauer Schmalspurnetz, war dort aber wegen technischer Probleme nicht über Erprobungsfahrten hinausgekommen. Auch auf den Rügenschen Schmalspurbahnen blieb der Wagen im Versuchsstadium. 1962 wurde er im RAW Wittenberge einer gründlichen Aufarbeitung unterzogen und an die Prignitzer Kleinbahnen überstellt, wo er ebenfalls kaum zum Einsatz kam.

Die erste Diesellokomotive der Rügenschen Schmalspurbahnen ist 1954 beim VEB Lokomotivbau „Karl Marx" in Babelsberg gebaut worden und diente ausschließlich als Rangierlok. Ausgerüstet war die kleine zweiachsige Lokomotive mit einem 44 kW starken Dieselmotor. Der Antrieb erfolgte über eine Blindwelle mit Kuppelstangen. Mit Stillegung des größten Teils der Schmalspurbahnen wurde die als Kö 6005 geführte Lok arbeitslos und 1970 ausgemustert.

Von den Jüterbog-Luckenwalder Kreiskleinbahnen wurden 1965 nach deren Stillegung zwei dreiachsige Diesellokomotiven mit den Betriebsnummern Köf

Zweimal Lok 99 4511: oben als C1-Lok im Jahr 1963 auf Rügen (Foto: Malsch / Sammlung: Dr. Hans-Reinhard Ehlers), unten nach dem Umbau in eine C-Lok am 22. August 1966 in Altenkirchen (Foto: Heinrich Räer). Starkes Wanken der Lok auf dem leichten Oberbau beeinträchtigte auch nach dem Umbau ihren Einsatz.

Lok 99 4521 am 26. Juni 1960 im Bahnhof Garz: Nach planmäßiger Übernachtung rollt die Mallet-Lok aus dem Schuppen, um den P 811 nach Putbus zu bringen. Am Vortag war sie mit dem Personenzug 1263 — bestehend aus Wagen der 1. und 2. Klasse! — von Altefähr nach Garz gekommen.   Foto: Günter Meyer

Triebwagen und Diesellokomotiven auf den Rügenschen Schmalspurbahnen

RüKlb	DR-Nr.	Bauart	Hersteller	Baujahr	Bemerkungen
T 1		(1A)'(A1)'	Dessau	1936	1942 an Greifswald-Jarmener Klb.
	VT 137 600	2'(1A)'(A1)'2'	Hauptwerkstatt Lettische Staatsbahnen Riga	1944	1957 von Rbd Dresden, 1962 nach Perleberg
	Köf 6001	C-dh	Gmeinder	1944	1965 von Dahme, neue Nr. 100 901
	Köf 6003	C-dh	Deutz	1944	1965 von Dahme, neue Nr. 100 902
	Kö 6005	B-dm	Babelsberg	1954	1970 ausgemustert

6001 und Köf 6003 nach Rügen umbeheimatet. Die mit jeweils einem 130 PS starken Dieselmotor und hydraulischem Getriebe ausgerüsteten ehemaligen Heeresfeldbahnlokomotiven versahen, wie schon die Kö 6005, vorwiegend Rangieraufgaben. Nach Einstellung des Güterverkehrs wurden beide Lokomotiven ausgemustert, aber zunächst noch nicht verschrottet. 1970 erhielt die Köf 6001 nochmals eine Hauptuntersuchung und wurde zu Bauzugdiensten im Rahmen der Streckensanierung zwischen Putbus und Göhren eingesetzt. Die zweite Lok wurde ebenfalls repariert und als Betriebsreserve hinterstellt.

Streckenbeschreibung Altefähr — Putbus

Ausgangspunkt der Strecke nach Putbus war der Bahnhof Altefähr östlich der Gleisanlagen des Fährbahnhofs der Staatsbahn. Er diente vor allem der Umladung von Gütern in Regelspurwagen und umgekehrt. Mit dem Bau des Rügendammes (Mitte der 30er Jahre) mußten die Bahnhofsanlagen der Kleinbahn weichen. In Anbetracht der geringen Bedeutung der Schmalspurbahn war zunächst lediglich eine neue Haltestelle für den Personenverkehr vorgesehen. Der Umschlag von Gütern sollte nach Putbus verlagert werden. Erst nach wiederholten Protesten wurde schließlich ein neuer Kleinbahnhof neben der Hauptbahn errichtet. Die Hochbauten (Empfangsgebäude und zweiständiger Lokschuppen) entstanden in Klinkerbauweise. Ferner erhielt der neue Bahnhof eine 13-t-Gleiswaage.

Von Altefähr aus führte das Streckengleis zunächst in östliche Richtung. Bei Jarkwitz befand sich bis Anfang der fünfziger Jahre ein kleiner Güterbahnhof mit Ladegleis. Hier endeten zwei Feldbahnen, eine davon an der Seitenrampe. Eine ähnliche Anlage bestand bis um 1950 weiter östlich bei Saalkow, welche zur Ladestraße der Rügenschen Kleinbahnen führte und vor allem im Herbst erhebliches Ladungsaufkommen brachte.

Der erste Bahnhof für den Personenverkehr lag nahe der Ortschaft Neesebanz. Die Ausstattung war bescheiden. Neben einem Ladegleis verfügte die 1915 eingerichtete kleine Bahnstation lediglich über ein Wartehäuschen mit Fernsprecher. Wenige Kilometer weiter, in Gustow, kreuzte die Strecke die Landstraße von Altefähr nach Poseritz. Der dortige Bahnhof besaß ein relativ langes Kreuzungsgleis, das zeitweise auch zum Beladen von Güterwagen benutzt wurde. Beide Einfahrten waren durch Trapeztafeln gesichert. Den Reisenden stand ein kleines Wartehäuschen zur Verfügung.

Im Bereich Altefähr – Garz verlief das Gleis durch ausgesprochen hügeliges Gelände. Zahlreiche Bodenwellen zwangen zum Bau von Dämmen und Einschnitten. Der landwirtschaftlich intensiv genutzte Süden der Insel erforderte zudem viele Ladestellen für den Güterverkehr. So entstanden in jeweils nur wenigen hundert Metern Abstand die Ladestellen Prosnitz, Benz, Sissow und Venwitz, die jeweils über ein Ladegleis verfügten. Letztere wurde bereits um 1950 stillgelegt. Die beiden Stationen Prosnitz und Sissow dienten außerdem als Haltestellen für den Personenverkehr. Wie auf fast allen kleineren Bahnhöfen der Rügenschen Kleinbahnen genügte ein kleines Wartehäuschen mit Fernsprecher allen Anforderungen.

Eine weitere Ladestelle für landwirtschaftliche Güter bestand in Glutzow. Bis kurz nach dem 2. Weltkrieg endete hier eine Feldbahn des Gutes Glutzow. Eine ähnliche Einrichtung lag nur gut 500 m weiter in der Nähe des Gutes Uselitz. Diese Privatladestelle wurde um 1928 eingerichtet und mittels einer Feldbahn von den beiden benachbarten Gütern Uselitz und Grabow bedient. Um 1950 wurde die Betriebsstelle aufgegeben und später abgebaut.

Der nächste Bahnhof im Verlauf der Strecke nach Putbus lag in einem langgestreckten Bogen in Poseritz. Die mit Trapeztafeln versehene Station besaß zwei Nebengleise für Zugkreuzungen und Ladetätigkeiten. Dem Personenverkehr diente ferner ein kleines Wartehäuschen.

Östlich von Poseritz verlief das Gleis in mehr oder weniger großem Abstand parallel zur Straße nach Puddemin. Nach gut einem Kilometer folgte die Ladestelle Zeiten, eine Station für den beschränkten Güterverkehr. Bemerkenswert war der Feldbahnanschluß aus Richtung Garlepow mit

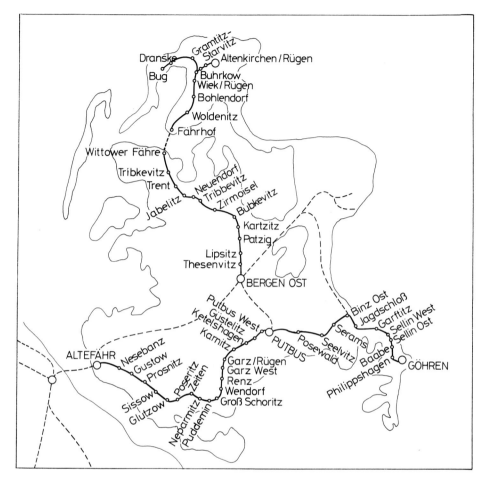

Kreuzung der Kleinbahnstrecke. Wie viele andere Feldbahnen, so wurde auch sie im Zuge der Motorisierung in der Landwirtschaft nach 1950 aufgegeben.

In Neparmitz, der nächsten Betriebsstelle in Richtung Putbus, wurde 1927 zusätzlich zum Ladegleis ein Kreuzungsgleis gebaut, das vor allem zur Erntezeit häufig benutzt wurde. Für den Personenverkehr war lediglich ein Wartehäuschen vorhanden. Nicht weit entfernt vom Bahnhof Neparmitz ermöglichte bis um 1950 die Ladestelle Mellnitz einen weiteren Zugang zum Güterverkehr der Rügenschen Kleinbahnen.

Gewisse Bedeutung hatte zeitweise der Bahnhof Puddemin an der Puddeminer Wiek. Hier bestand über zwei Kaigleise Verbindung zur Ostsee. Ferner war eine Ladebrücke für den Kreideumschlag aus dem Rohkreidebruch Klein Stubben vorhanden. Die Gleisanlagen der Station ermöglichten ferner Zugkreuzungen und das Beladen von Güterwagen von der Ladestraße aus. Gesichert waren beide Bahnhofseinfahrten durch Trapeztafeln. Weitere Einrichtungen des Bahnhofs Puddemin waren eine Wasserstation mit Pulsometer, eine handbediente Bekohlungsanlage sowie ein Wartehäuschen für den Personenverkehr.

Kurz hinter Puddemin schwenkte das Gleis in nach wie vor hügeliger Landschaft nach Norden in Richtung Garz. Bald folgte die Station Groß Schoritz mit langem Ladegleis und Feldbahnanschluß des Gutes Groß Schoritz sowie der Schoritzer Wiek. Obwohl die Feldbahn in den dreißiger Jahren bereits wieder stillgelegt wurde, blieb die Ladestelle bestehen. Für den schwachen Personenverkehr war ein Wartehäuschen vorhanden.

Bis zum nachfolgenden Bahnhof Garz, der größten Station zwischen Altefähr und Putbus, ermöglichten zwei weitere Ladestellen den Versand landwirtschaftlicher Produkte. Die mit kurzem Ladegleis versehenen Betriebsstellen Renz und Wendorf besaßen Feldbahnanschlüsse zu den benachbarten Gütern. Kurz vor Garz begann eine Zweiglinie zum Kreidebruch Klein Stubben. Mit kurzen Unterbrechungen wurde hier in den Jahren von 1907 bis 1959 Kreide verladen und per Bahn zu den Häfen Puddemin und Wiek transportiert. Der Bahnhof Garz selbst verfügte über ein Empfangsgebäude mit Stückgutschuppen, einen zweigleisigen Lokschuppen und eine handbediente Bekohlung mit Körben. Für den Güterverkehr waren neben einem Kreuzungsgleis zusätzliche Ladegleise und eine Ladestraße mit Viehbuchten vorhanden. Gesichert wurde Garz zu beiden Seiten durch Trapeztafeln.

Nordöstlich von Garz verließ die Schmalspurbahn allmählich den landwirtschaftlich genutzten Bereich der südlichen Insel, um von nun an in einer fast ständigen Steigung eine heideähnliche Waldlandschaft zu durchfahren, an dessen östlichem Rand schließlich die Stadt Putbus erreicht wurde. In diesem Bereich waren die Abstände zwischen den einzelnen Stationen aufgrund der geringeren Landwirtschaft deutlich größer als im westlichen Streckenteil.

Nächster Halt für Personenzüge war die relativ unbedeutende Station Karnitz mit kurzem Ladegleis und obligatorischem Wartehäuschen mit Fernsprecher. Wesentlich mehr Bedeutung hatte dagegen der Bahnhof Ketelshagen für die Rügenschen Kleinbahnen. Die mit langem Kreuzungsgleis, Wartehäuschen und Fernsprecher ausgerüstete Betriebsstelle war über ein Anschlußgleis mit einer benachbarten Ziegelei verbunden. Östlich davon kreuzte ab 1929 eine 600-mm-Wirtschaftsbahn der Ziegelei die Kleinbahnstrecke. Zur Absicherung der Streckenkreuzung waren an der Kleinbahn zu beiden Seiten Deckungssignale vorhanden, während die Wirtschaftsbahn über entsprechende Gleissperren verfügte. Nach den geltenden Vorschriften durfte jeweils zehn Minuten vor dem Verkehren der Kleinbahn die 600-mm-Strecke im Bereich der Kreuzung nicht mehr befahren werden.

Kurz hinter Ketelshagen gab es zwei weitere Ladestellen für den Güterverkehr. Die Stationen Darsband und Güstelitz verfügten über kurze Ladegleise und wurden um 1950 für den Ladungsverkehr stillgelegt. Güstelitz war ferner Haltestelle für Personenzüge. Dem Personenverkehr diente auch der Haltepunkt Putbus West, der vermutlich um 1920 im Zusammenhang mit der zunehmenden Konkurrenz privater Omnibusse eingerichtet worden ist. Östlich der Haltestelle überspannte eine der ersten Spannbetonbrücken Deutschlands mit einer Länge von 55,12 m die Regelspurlinie Bergen — Lauterbach, bevor die Strecke wenig später im durch Einfahrtsignale gesicherten Bahnhof Putbus endete.

Bergen — Altenkirchen

Ausgangspunkt der Schmalspurbahn nach Altenkirchen war der Bahnhof Bergen Ost. Die nördlich der Regelspurstrecke Stralsund — Saßnitz gelegene Bahnstation verfügte über weiträumige Gleisanlagen, die vornehmlich dem Güterverkehr dienten. Für das Ladegeschäft standen eine Ladestraße sowie eine Kopf- und eine Seitenrampe zur Verfügung. Ferner war eine 18-t-Gleiswaage vorhanden. Zu den wichtigsten Hochbauten des Bahnhofs zählte ein massives Empfangsgebäude aus den Jahren 1928/29, ein Güterschuppen sowie ein zweiständiger Lokschuppen mit mechanischer Bekohlungsanlage. Gesichert wurde der Bahnhof durch ein Einfahrtsignal.

Das Streckengleis nach Altenkirchen verließ Bergen Ost in nördliche Richtung und führte im weiteren Verlauf fast ausschließlich durch landwirtschaftlich intensiv genutztes Flachland. Erste Station hinter Bergen war der kleine Bahnhof Thesenvitz. Für den Güterverkehr stand ein längeres Ladegleis zur Verfügung, während den Reisenden ein kleines Wartehäuschen als Unterstand diente. Ähnlich ausgeführt waren auch die in kurzen Abständen folgenden Betriebsstellen Lipsitz, Patzig, Neu Kartzitz und Kartzitz. Ein oder zwei Ladegleise, ein Bahnsteig mit Wartehäuschen und Fernsprecher waren auch hier die Standardausrüstung. Bei Woorke, zwischen Patzig und Kartzitz, fuhr die Bahn an zahlreichen, für die Insel typischen Hünengräbern vorüber.

Der erste Kreuzungsbahnhof der Nordstrecke war die Station Bubkevitz mit einem langen Seitengleis, das sowohl für Zugkreuzungen als auch für Ladetätigkeiten genutzt werden konnte. Später kam

Im Bahnhof Bergen Ost ist soeben der Personenzug aus Wittower Fähre eingetroffen. Zwischen Bergen und Altenkirchen fuhren vorwiegend Zuggarnituren aus zweiachsigen Personenwagen (22. August 1966). Foto: Heinrich Räer

ein weiteres Nebengleis und ein Anschluß zu den Schuppen der bäuerlichen Handelsgenossenschaft hinzu. Signaltechnisch gesichert war Bubkevitz durch Trapeztafeln. Für einen regen Güterverkehr sorgten zwei Feldbahnen. Eine von ihnen führte bis nach Tetzitz, die andere viele Kilometer weit über mehrere Güter bis nach Pansevitz. Nach 1950 sind beide Feldbahnen abgebaut worden. Auch die beiden nachfolgenden Betriebsstellen Zirmoisel und Tribbevitz hatten neben dem Personenverkehr für den Versand landwirtschaftlicher Güter eine gewisse Bedeutung. Während erstere über Feldbahnanschluß zum Gut Usedom verfügte, diente die letztgenannte ab 1917 als Ladestelle für das Gut Tribbevitz.

Kurz vor Neuendorf näherte sich die Strecke der Neuendorfer Wiek, ein weit in das Land hineinreichendes Gewässer. Der gleichnamige Ort besaß einen kleinen Bahnhof mit einem langen Ladegleis, Bahnsteig und Wartehäuschen. Gut anderthalb Kilometer nördlich vom Bahnhof Neuendorf zweigte auf freier Strecke ein Anschlußgleis zu einer Kiesgrube ab. Während des 1. Weltkrieges wurde hier unter anderem Material zum Bau der Strecke nach Bug gewonnen. Das Anschlußgleis bestand bis zur Stillegung, war aber schon viele Jahre nicht mehr benutzt worden.

Auch der kleine Ort Jabelitz auf der Westseite der Neuendorfer Wiek verfügte über eine kleine Bahnstation mit langem Ladegleis und einer Seitenrampe, gefolgt von dem nicht einmal einen Kilometer entfernt gelegenen Bahnhof Trent mit Kreuzungs- und Ladegleis. Für den hier stationierten Betriebseisenbahner stand ein hölzernes Dienstgebäude mit Fernsprecher zur Verfügung. Ferner war ein Brunnen mit Pulsometeranlage zur Versorgung der Dampflokomotiven vorhanden.

Nördlich von Trent folgte die Bahn der Straße Bergen – Wittower Fähre. Letzter Bahnhof vor dem Breetzer Bodden war die kleine, erst 1931 eingerichtete Station Tribkevitz. Schon Jahre zuvor hatte an dieser Stelle ein Bahnhof mit dem Namen Büssow gestanden. Kurz darauf endeten die Gleisanlagen im Fährbahnhof Wittower Fähre an der durch eine Deckungsscheibe gesicherten Anlegestelle. Für das

Abstellen von Güterwagen waren entsprechende Nebengleise vorhanden, die im Laufe der Jahre mehrfach erweitert wurden. Ferner verfügte der Bahnhof Wittower Fähre über einen einständigen Lokschuppen mit Handbekohlung und eine Pulsometeranlage. Ähnliche Bahnanlagen bestanden auf der anderen Seite des Breetzer Boddens in Fährhof.

Von Fährhof aus führte die Schmalspurbahn in kurvenreicher Linienführung weiter hinauf in die nördliche Spitze der Insel Rügen. Wie zuvor, so bestimmte auch hier die Landwirtschaft das Bild. Sie sorgte vor allem im Frühling und im Herbst für entsprechendes Frachtaufkommen. In Woldenitz, dem nächsten Bahnhof, gab es ein Ladegleis und ein Wartehäuschen. Früher endete hier eine Feldbahn mit beachtlicher Streckenlänge. Sie führte bis an die Westküste der Insel bei Vansewitz. Eine weitere Besonderheit war eine nahegelegene Wasserentnahmestelle an einem Teich.

Über die Stationen Schmantevitz, Bohlendorf und Zürkvitz, – sie dienten vorwiegend dem Umschlag landwirtschaftlicher Güter, erreichte die Schmalspurbahn die Ortschaft Wiek. Kurz zuvor zweigte ein Anschlußgleis zur Marinefliegerstation Wiek ab, das während des 1. Weltkrieges gebaut worden war. Nach 1920 wurde das Gelände in ein Erholungsheim für Kinder aus dem sächsischen Industrierevier umgewandelt. Das Anschlußgleis blieb erhalten und wurde bis zur Streckenstillegung zur Versorgung des Kinderheims mit Kohle benutzt. Der nachfolgende Bahnhof Wiek verfügte über ein Kreuzungs- und ein Ladegleis sowie einen Anschluß zum Hafen, über den bis in die fünfziger Jahre hinein Kreide auf Schiffe umgeladen wurde. Zu den weiteren Anlagen der kleinen Bahnstation zählten ein Wartehäuschen mit Dienstraum und eine Gleiswaage.

Nördlich von Wiek lag die Abzweigstelle Buhrkow. Hier begann die während

Altenkirchen hatte den nördlichsten Bahnhof der DR. Vor dem Lokschuppen in Altenkirchen wartet Lok 99 4652 am 22. August 1966 auf den nächsten Einsatz. Foto: Heinrich Räer

des 1. Weltkrieges gebaute Zweigstrecke nach Bug, die neben ihrer militärischen Bedeutung auch als Güterstrecke für verschiedene Gutshöfe im Raum Lancken und Dranske diente. Nach dem weitgehenden Abbau dieser Seitenlinie blieb ein kurzer Abschnitt bis Gramtitz-Starrvitz als Anschlußgleis erhalten und wurde bis 1954 bedarfsweise im Güterverkehr bedient.

Die folgenden Bahnstationen Lüttkevitz und Lanckensburg besaßen jeweils Ladegleise für den Güterverkehr. In Lanckensburg bestand ferner Feldbahnanschluß zu großen Gütern in der näheren Umgebung. Außerdem war hier für den Personenverkehr ein Wartehäuschen mit Fernsprecher vorhanden.

Endstation der Kleinbahn war Altenkirchen, der größte Ort auf der Halbinsel Wittow. Der dortige Bahnhof war durch eine Trapeztafel gesichert. Er verfügte über Umsetz- und Ladegleise sowie über einen Anschluß zur bäuerlichen Handelsgenossenschaft. Zu den Hochbauten zählten ein kleines Empfangsgebäude, ein Stückgutschuppen, ein kurzer zweiständiger Lokschuppen mit Handbekohlung und ein eingleisiger Triebwagenschuppen. Für Ladetätigkeiten war ferner eine Seitenrampe vorhanden.

Stilleben im Bw Putbus am 1. Mai 1978: Kurze Rast für das Personal der Lok 99 4802.
Foto: Ludger Kenning

Mit dem „Rasenden Roland" von Putbus nach Göhren

Ein Spätsommerabend auf der Insel Rügen neigt sich seinem Ende zu. Auf dem schmalspurigen Teil des Bahnhofs Putbus herrscht seit einiger Zeit reger Betrieb. Kurz nach 18.00 Uhr ist Lok 99 4801 mit einem gut besetzten Personenzug in den Bahnhof eingefahren. Sofort hatte man die Maschine abgehängt, um Kohle- und Wasservorräte zu ergänzen. Nun steht sie erneut bereit zur Beförderung des Abendzuges P 14125 nach Göhren. Die Lokomotive ist in gutem Zustand, matt glänzt der schwarze Kessel in der Abendsonne.

Bis zur Abfahrt des Zuges um 18.40 Uhr bleibt ein wenig Zeit, die Bahnanlagen zu inspizieren. Noch heute dokumentieren weiträumige Gleisanlagen die frühere Bedeutung des Bahnhofs Putbus für die Rügenschen Kleinbahnen. Hier befindet sich der betriebliche Mittelpunkt der Schmalspurbahn mit Lokschuppen, Werkstatt und den Behandlungsanlagen für den Dampfbetrieb. Auf den noch vorhandenen Nebengleisen stehen abgestellte Personenwagen. Einige von ihnen sind offensichtlich seit Jahren nicht mehr benutzt worden. Gegenüber dem Schmalspurbahnhof befinden sich die Anlagen der Regelspurstrecke Bergen — Lauterbach. Vor allem in den Sommermonaten herrscht zwischen beiden Bahnen reger Umsteigebetrieb.

Pünktlich um 18.40 Uhr setzt sich der Personenzug nach Göhren in Bewegung. Gut besetzt poltern die sechs vierachsigen Wagen über die letzten Weichen des Bahnhofs hinaus auf die freie Strecke. Es geht bergab. Wir durchfahren landwirtschaftlich intensiv genutztes Hügelland und passieren wenig später die Stelle, an der sich bis Anfang der fünfziger Jahre der Haltepunkt Lonvitz befunden hat. Von den früheren Anlagen ist kaum noch etwas zu erkennen, längst hat sich die Natur ihren Platz zurückerobert.

Östlich des Dorfes Lonvitz nähern wir uns der Jasmunder Straße. Kurz vor dem Überweg ist noch heute ein Überbleibsel aus der Zeit des Güterverkehrs zu erkennen. Hier lag der frühere Kreuzungsbahnhof Posewald, der neben einem zweiten

Gleis lediglich über ein Fernsprechhäuschen verfügte. Auf der anderen Straßenseite befindet sich noch heute der gleichnamige Haltepunkt mit kleinem massiven Wartehäuschen.

Nach kurzem Zwischenhalt setzt sich der Zug wieder in Bewegung. Bald wird das ständige „Klapp-klapp" der Drehgestelle auf den Schienenstößen durch den kräftigen Abdampfschlag unserer Zuglok übertönt. Entlang eines Höhenzuges geht es bergan in Richtung Seelvitz, dem ersten Kreuzungspunkt der Strecke Putbus – Göhren. Die einsam gelegene Bahnstation besitzt ein auffallend langes Kreuzungsgleis, das zu Zeiten des Güterverkehrs als Ladegleis benutzt wurde. Für den Reiseverkehr ist ein hölzernes Wartehäuschen vorhanden. Das Dorf Seelvitz existiert nicht mehr. Die kleine Bahnstation wird heute fast ausschließlich von Wanderern genutzt.

Östlich von Seelvitz rollt der Zug bergab durch eine reizvolle, abwechselungsreiche Landschaft. Nach dem Überqueren der Fernstraße 196 passieren wir den „Bahnsteig" der kleinen Station Serams. Die mit einem massiven Wartehäuschen versehene Betriebsstelle war bis Anfang der siebziger Jahre sogar mit einem Ladegleis ausgerüstet. Wenig später ist auf der linken Seite der im Verlanden begriffene Schmachter See zu erkennen. Rechts schweift der Blick weit über die Höhenzüge der Granitz mit dem Turm des auf dem Tempelberg stehenden Jagdschlosses.

In gemütlichem Tempo rollt der Zug durch feuchte, von Schilfgras und Buschwerk gesäumte Wiesen dem Ostseebad Binz entgegen. Nach einer kurzen Steigung erreichen wir den Bahnhof des größten Seebades auf Rügen. Bis zum Bau der Regelspurstrecke Lietzow – Binz hatte die Bahnstation für den heute 6.500 Einwohner zählenden Urlaubsort erhebliche Bedeutung. Noch heute erinnert das große, baulich interessante Empfangsgebäude an bessere Zeiten. Der früher mit Einfahrtsignalen ausgerüstete Kreuzungsbahnhof besaß mehrere Nebengleise, die inzwischen weitgehend abgebaut worden sind.

Mit kräftigem Abdampfschlag verläßt der Zug den Bahnhof. Senkrecht quillt brauner Qualm aus dem Schlot der Maschine in den blauen Himmel. Hier beginnt der Anstieg auf die Granitz, einem reizvollen Höhenzug. Nach dem Überqueren der Hauptstraße nach Bergen geht es in großen Bögen an der Südflanke der Granitz bergan. Unsere Zuglok gibt ihr Bestes, den Zug planmäßig über die 1:50-Steigung bis zum Haltepunkt Jagdschloß zu befördern. Als nach dem Krieg die Kohlen knapp waren und mit Holz gefeuert werden mußte, ist hier so mancher Zug liegengeblieben.

Kurz vor dem höchsten Punkt der Strecke nähern wir uns dem Haltepunkt Jagdschloß. Das reizvolle Stationsgebäude in Holzbauweise wurde bei einem Sturm durch umstürzende Bäume zerstört und später durch einen schmucklosen massiven Unterstand ersetzt. Hier beginnt der Wanderweg zum Schloß. Von seinem Turm hat man bei klarem Wetter einen eindrucksvollen Blick über die ganze Insel. Heute ist das Bauwerk ein Museum und steht unter Denkmalschutz. An der Haltestelle Jagdschloß nehmen wir eine größere Wandergruppe auf, schwer bepackt mit bunten Rucksäcken. In dem vom letzten Sonnenlicht durchfluteten Mischwald geht es bergab nach Garftitz, einer kleinen Bahnstation im weiteren Verlauf der Strecke.

Wie auf den meisten anderen Stationen der Strecke verfügte Garftitz früher über ein Ladegleis für den Güterverkehr, das auch für Zugkreuzungen benutzt werden konnte. Heute befindet sich hier neben dem Bahnsteig lediglich noch ein kleines massives Wartehäuschen. Rechts der Station Garftitz ist in der Ferne der Neuensiner See in der Abendsonne zu erkennen, daneben die Ortschaft Lanken-Granitz. Noch immer rollt der Zug bergab durch eine waldreiche Hügellandschaft. Wir passieren in waldreicher Umgebung den um 1950 stillgelegten Bahnhof Sellin West, bevor die Strecke erneut die Fernstraße 196 kreuzt. Auf der rechten Seite liegt der Selliner See in schönstem Licht; ein herrliches Panorama! Gleich neben dem See kommt der Zug im Bahnhof Sellin Ost zum Stehen. Die reizvolle, im Bogen gelegene Bahnstation ist mit einem Nebengleis ausgerüstet und wird noch heute regelmäßig für Zugkreuzungen benutzt. Früher waren hier sogar Einfahrtsignale vorhanden. Das Stationsgebäude befindet sich noch weitgehend im Urzustand. Bis zum Bau der Bahn war Sellin ein kleines verträumtes Fischerdörfchen ohne Anschluß an die große weite Welt. Später kamen Feriengäste hierher und entdeckten die Schönheiten des Strandes unterhalb der Granitz.

Entlang der Fernstraße 196 rollt der Zug in südöstliche Richtung nach Baabe, einem Ostseebad am Selliner See. Der dortige Bahnhof mit seinem reizvollen Empfangsgebäude dient heute nur noch als Haltepunkt. Östlich von Baabe überquert das Gleis ein weiteres Mal die Fernstraße 186. Mit kräftigem Abdampfschlag zieht Lok 99 4801 ihren Zug durch die waldreicher werdende Landschaft. Vor uns liegt auf der linken Seite der Haltepunkt Philippshagen. Die fast 2 km abseits der Ortschaft gelegene Bahnstation verfügte früher über ein Ladegleis für den Güterverkehr und über eine sehr beliebte Gastwirtschaft. Heute gibt es niemanden, der hier aus- oder einsteigen möchte.

Nach kurzem Zwischenhalt fahren wir durch ein ausgedehntes Waldgebiet der Endstation entgegen. Wenig später kommt der Zug am Bahnsteig von Göhren zum Stehen. Der Bahnhof Göhren mit seinem großen Empfangsgebäude ist Endpunkt der Bäderbahn. In dem hier vorhandenen Lokschuppen nächtigt jeweils die Lokomotive des letzten Zuges. Bis zum nahegelegenen Strand ist es nur ein Katzensprung. Etwa 300 Meter vor der Küste Göhrens liegt übrigens ein gewaltiger Findling, mit einem Gewicht von 1600 Tonnen der größte im gesamten Ostseebereich.

99 1782 hat am 4. Mai 1989 den Endpunkt Göhren hinter sich gelassen. Bis Philippshagen führt die Strecke durch dichtes Waldgebiet.
Foto: Ludger Kenning

Abendstimmung im herbstlichen Sellin: Lok 99 4801 wartet am 22. Oktober 1990 auf die Weiterfahrt nach Göhren.

*Zugbegegnung in Sellin am 22. Oktober 1990: Im Hintergrund verläßt Lok 99 1782 mit dem Personenzug 14105 den Bahnhof in Richtung Göhren.
Fotos:
Josef Högemann*

Der weit außerhalb der Ortschaft gelegene Bedarfshaltepunkt Philippshagen wird hauptsächlich von Wanderern benutzt. Am 22. Oktober 1990 wollte hier niemand in den von der Lok 99 4801 gezogenen Personenzug 14120 einsteigen.   *Foto: Josef Högemann*

Diese Lokomotive steht heute auf einem Gleisstück im niedersächsischen Lehrte. Am 21. September 1979 stand die 99 4631 noch bei Sellin vor einem Personenzug im Einsatz.
Foto: Ludger Kenning

Sanft geschwungene Hügel, weite Wiesen und Äcker, dazwischen einzelne Waldstücke, stattliche Findlinge am Wegrand, — das ist die typische Rügenlandschaft zwischen Putbus und Göhren. Lok 99 4801 im Juni 1976 bei Garftitz.   Foto: Karl Wolf

In der Granitz, einem ausgedehnten und hügeligen Waldgebiet zwischen Sellin und Garftitz, war am 4. Mai 1989 die Lok 99 4801 mit dem Personenzug 14124 nach Putbus unterwegs.
Foto: Ludger Kenning

Nach einem kurzen Zwischenhalt in Garftitz Hp setzt Lok 99 4801 an einem sonnigen Oktobertag des Jahres 1990 die Fahrt fort in Richtung Putbus.
Foto: Josef Högemann

Blühende Rapsfelder und feuchte Weiden bei Serams am 4. Mai 1989. Die Lok 99 4801 führt einen Personenzug nach Putbus.
Foto: Ludger Kenning

Oben: Für eine Schmalspurbahn eine durchaus respektable Bahnstation: Binz Ost mit Lok 99 4632 vor Personenzug nach Putbus am 23. April 1984.
Foto: Michael Waidelich

Rechts: Die 99 1784 ist von Sachsen nach Rügen versetzt worden und hat somit unterhalb der Rauchkammertür eine Schürze erhalten. Am 11. Mai 1991 nahm sie die Steigung zwischen Serams und Seelvitz auf dem Weg nach Putbus.   Foto: Ludger Kenning

Durch eine reizvolle Wiesenlandschaft östlich von Seelvitz dampft Lok 99 4801 mit ihrem Personenzug 14106 in Richtung Putbus, aufgenommen im Oktober 1990.
Foto: Josef Högemann

Seelvitz ist nur über holprige Feldwege erreichbar. Mit Volldampf nimmt die Zuglok des Personenzuges 14120 am 22. Oktober 1990 die Steigung vor der Kreuzungsstation.
Foto: Josef Högemann

Personalwechsel in Garz am 1. Juli 1967: Die Mannschaft des GmP 9237 Altefähr – Putbus hat Feierabend. Foto: Günter Meyer

Nach kurzem Halt am Bahnsteig von Posewald setzt sich Lok 99 4632 vor dem P 14120 in Bewegung, aufgenommen am 23. April 1984.
Foto: Michael Waidelich

Mit dem GmP 9237 hat die Lok 99 4631 am 1. Juli 1967 die Station Sissow (Altefähr — Putbus) erreicht. Mit Hilfe eines Pulsometers werden die Wasservorräte ergänzt.

*Wenig später hat der GmP in Puddemin einen Zwischenhalt eingelegt, bevor es nach Putbus weitergeht (1. Juli 1967).
Fotos: Günter Meyer*

Aus Altefähr kommend passiert Lok 99 595 am 15. September 1965 die große Bogenbrücke vor Putbus. Unter ihr liegt die Regelspurstrecke Bergen — Lauterbach.

*Wenig später befährt die 99 595 nochmals die Brücke, diesmal jedoch mit dem P 9204 Putbus — Altefähr, der mal wieder mehr Güter- als Personenwagen aufweist.
Fotos:
Hans Müller*

*Kleinlok 100 901 im Bw Putbus am 4. Mai 1989, im Hintergrund wartet Lok 99 4801 auf den nächsten Einsatz.
Foto: Ludger Kenning*

*GmP 9237 Altefähr – Putbus am 1. Juli 1967 in Garz West. In den 60er Jahren gehörten zahlreiche sächsische Personenwagen zum gewohnten Bild auf den Rügenschen Schmalspurbahnen.
Foto: Günter Meyer*

*Die Strecke Bergen — Altenkirchen durchzog überwiegend ebenes Weide- und Ackerland. Am 15. Juni 1968 beförderte die Lok 99 4633 einen Personenzug von Wittower Fähre nach Bergen. Die obere Aufnahme entstand bei Thesenvitz, die untere an der Fernstraße 96 vor Bergen.
Fotos: Alfred Luft*

Typisch für die Rügenschen Schmalspurbahnen war auf langen Abschnitten die Streckenführung in Seitenlage von Landstraßen. An Gehöften und prächtigen Alleen entlang führte die Strecke bei Tribkevitz, wo am 11. Juli 1969 die Aufnahme der 99 587 entstand.
Foto: E.T. Honig

Personenzug 9212 mit Lok 99 587 am 15. Juni 1968 in Neuendorf, einer kleinen, direkt an der Neuendorfer Wiek gelegenen Bahnstation im Zuge der Strecke Bergen – Altenkirchen.
Foto: Alfred Luft

Es war schwierig, zwischen Bergen und Altenkirchen einen erhöhten Fotostandpunkt zu finden. Manchmal half ein Baum. Zwischen Kartzitz und Patzig rollt am 15. Juni 1968 Lok 99 587 vor dem Abendzug 9212 in Richtung Bergen. Foto: Alfred Luft

Fährschiff „Bergen" mit Lok 99 4652 auf dem Breetzer Bodden bei Wittower Fähre am 15. Juni 1968.

Da jeweils nur eine Lok oder einige Güterwagen gleichzeitig mit der Fähre befördert werden konnten, waren in den Fährbahnhöfen häufig umfangreiche Rangiertätigkeiten erforderlich. Am 15. Juni 1968 stand Lok 99 587 in Wittower Fähre im Einsatz. Fotos: Alfred Luft

Kleinbahnmäßig bescheiden waren die Fähr- und Bahnanlagen an der Anlegestelle Wittow ausgelegt.
Sammlung: Deutsche Fotothek Dresden / Sammlung S. Herforth

In Wittower Fähre muß der Heizer noch einmal gut auflegen, bevor die Lok 99 587 den Nachmittagszug nach Bergen befördern kann (11. Juli 1969).
Foto: E.T. Honig

Lok 99 5611, die ehemalige Lok 9 der Franzburger Kreisbahnen, mit dem GmP 9220 Klausdorf — Barth am 17. Juni 1968 bei Lassentin. Ebenso stattlich wie die Zuglänge war auch die Fahrzeit: 2 Stunden für 27 km!   Foto: Alfred Luft

Die Franzburger Kreisbahnen

Vorgeschichte

In den siebziger Jahren des letzten Jahrhunderts kamen Pläne auf, die Städte Stralsund und Rostock durch eine normalspurige Eisenbahnlinie miteinander zu verbinden. Drei Varianten standen zur Diskussion:
1) Stralsund – Barth – Damgarten
2) Stralsund – Velgast – Damgarten
3) Stralsund – Richtenberg – Damgar-

Obwohl die erstgenannte Streckenführung auf Regierungsebene so gut wie beschlossen war, wählte man 1881 dann doch den kürzesten Weg über Velgast. Um die Stadt Barth nicht ohne Eisenbahnanschluß zu lassen, wurde gleichzeitig der Bau einer Stichbahn von Velgast nach Barth vereinbart.

Für das landwirtschaftlich intensiv genutzte Gebiet nördlich dieser Bahnlinie war der Anschluß an das Eisenbahnnetz erst einmal in weite Ferne gerückt. Der Absatz der hier produzierten Güter stagnierte und es wurden Stimmen laut, die den Bau von Zweiglinien forderten. Einen ersten Anschub erhielten diese Forderungen durch den Erlaß des preußischen Kleinbahngesetzes vom 28. Juli 1892. Damit war die Möglichkeit geschaffen, Nebenlinien einfachster Art zu bauen und diese auch mit einfachsten Mitteln wirtschaftlich zu betreiben. Noch im gleichen Jahr gründete sich ein Eisenbahnkomitee mit dem Ziel, den Bau von lokalen Zweiglinien

GmP 9220 in Bartelshagen am 17. Juni 1968. Foto: Alfred Luft

im Ostseeraum zwischen Barth und Stralsund voranzutreiben. Um möglichst schnell zum Ziel zu kommen, wurden Verhandlungen mit dem Stettiner Eisenbahnbau- und Betriebsunternehmen Lenz & Co aufgenommen.

Lenz empfahl eine Trassenführung von Stralsund über Oldendorf nach Barth mit einer von Altenpleen abgehenden Strecke nach Klausdorf. Um die Bahnlinie kostengünstig zu realisieren, schlug Lenz eine Kleinbahn mit einer Spurweite von 1000 mm vor, die möglichst viele Orte berühren sollte. Hauptaufgabe dieser Bahn war der Transport landwirtschaftlicher Güter, die mittels Feldbahnen den einzelnen Stationen zugeführt werden sollten.

Noch während sich das Eisenbahnprojekt Stralsund — Barth im Anfangsstadium befand, hatte sich ein weiteres Bahnbaukomitee gebildet mit dem Ziel, eine Kleinbahn von Damgarten über Saal und Lüdersdorf nach Barth zu verwirklichen. Da beide Gruppen gleiche Ziele verfolgten, lag es nahe, ein gemeinsames Eisenbahnprojekt in die Wege zu leiten.

Ende 1892 bestand über die genaue Linienführung weitgehende Einigkeit. Probleme gab es aber mit den Gutsbesitzern, die natürlich allesamt die Bahn möglichst nahe an ihren eigenen Hof herangeführt sehen wollten, aber durchweg nicht bereit waren, das dafür notwendige Land für den Bahnbau kostenlos abzugeben. Nach einigem Hin und Her kam es schließlich zu einer Einigung: Grund und Boden für den Kleinbahnbau war größtenteils von den Städten, Gemeinden und Grundbesitzern beizusteuern, lediglich Eigentümer von kleinen und kleinsten Grundstücken sollten eine entsprechende Entschädigung erhalten.

Bau und Eröffnung der Kleinbahn

Im Mai 1893 billigte der Kreisausschuß den Entwurf des Bau- und Betriebsvertrages zwischen der Aktiengesellschaft der

Personenzug mit Lok 99 5601 auf dem Tribseer Damm in Stralsund im Jahr 1961, kurz vor Stillegung der Strecke zwischen Stralsund Ost und Stralsund Stadtwald. Sammlung: Matthias Richter

GmP 9223 mit Lok 99 5621 nach Barth auf der Straße vor dem Reichsbahnhof in Stralsund (im Hintergrund der Triebwagen 12 der Straßenbahn).
Foto: Günter Meyer

Franzburger Kreisbahnen und der Firma Lenz & Co, die für die nächsten 15 Jahre den Bahnbetrieb führen sollte. Anfang des Jahres 1894 begannen die Bauarbeiten. Da keine größeren Kunstbauten erforderlich waren, schritt man zügig voran. Schon im Herbst des gleichen Jahres war es möglich, auf den Teilstrecken Stralsund — Altenpleen und Barth — Saal Rübentransporte für die Zuckerfabriken in Barth und Stralsund abzuwickeln. Da es sich hier um eine Ausnahmegenehmigung handelte, durften die Züge mit höchstens 15 km/h verkehren.

Ein halbes Jahr später war die Strecke durchgehend betriebsbereit, so daß am 4. Mai 1895 die feierliche Eröffnung mit zahlreichen Ehrengästen stattfinden konnte.

Die Betriebsjahre bis 1945

Nach Inbetriebnahme der Kleinbahn führte das Stettiner Unternehmen Lenz & Co den Bahnbetrieb bis zum Jahre 1910. Danach übernahm der Provinzialverband der Provinz Pommern die Betriebsführung, ehe sie im September 1919 in die Vereinigung Vorpommerscher Kleinbahnen überging. 1937 unterstanden die FKB der Landesdirektion Pommern, ab 1938 den Pommerschen Landesbahnen.

Anfangs gab es bei den Franzburger Kreisbahnen keinen festen Fahrplan im Personenverkehr. Er unterlag zumindest im ersten Betriebsjahr mehrfachen Änderungen. Danach blieb er bis nach dem 2. Weltkrieg mit jeweils drei Zugpaaren Damgarten — Barth und Barth — Stral-

*Kurbel der Görlitzer Gewichtsbremse in einem Packwagen der Franzburger Kreisbahnen (19. August 1966).
Foto: Heinrich Räer*

sund sowie zwei Zugpaaren Stralsund – Klausdorf über die Jahre hinweg weitgehend konstant. Lediglich die Züge nach Klausdorf verkehrten später unter Federführung der Deutschen Reichsbahn anstelle von Stralsund aus von Barth. Versuche, die Strecke für den Ausflugsverkehr zu nutzen und dadurch das Betriebsergebnis im Personenverkehr aufzubessern, blieben erfolglos.

Zum Abtransport der landwirtschaftlichen Produkte war, wie von Lenz angeregt, nahezu jeder Bahnhof mit Feldbahngleisen ausgerüstet. In der Regel lagen sie in der gepflasterten Ladestraße, lediglich in Spoldershagen, Hermannshagen und Saal befanden sie sich auf höhergelegenen Rampen. Von den Bahnhöfen führten die Feldbahngleise auf die Felder der großen Güter. Zusammengesetzte, tragbare Gleisjoche von 5 m Länge bildeten oft kilometerlange Anschlüsse. Gleich mehrfach kreuzten diese Feldbahnstrecken die Gleise der Franzburger Kreisbahnen. Einige dieser Kreuzungspunkte waren sogar mit Sicherheitsbeamten besetzt, für deren Dienste die Feldbahnbenutzer besondere Gebühren zu entrichten hatten. Das Ende der Feldbahnen kam in den fünfziger Jahren mit dem Einsatz leistungsfähiger Traktoren.

Übergangsmöglichkeiten zur Staatsbahn bestanden in den Bahnhöfen Damgarten (1950 umbenannt in Ribnitz-Damgarten), Barth und Stralsund. Hier befanden sich größere Gleisanlagen zum Umladen und Abstellen der Güterwagen. Die beiden Hauptkunden der FKB waren die Zuckerfabriken in Stralsund und Barth. Letztere hatte bereits im Jahr 1895 einen Gleisanschluß erhalten. Kurze Zeit später wurde in Barth auch der Hafen über ein Dreischienengleis mit der Kleinbahn verbunden.

Das Verkehrsaufkommen der ersten Jahre entsprach voll den Erwartungen. So wurden bereits im Jahr 1897 erste größere Investitionen getätigt. Unter anderem erhielt der Bahnhof Barth einen zweiten Lokschuppen, der sich von der Größe her von dem bereits bestehenden kaum unterschied. Der damals geplante Bau einer größeren Werkstatt zur Unterhaltung der Lokomotiven und Wagen wurde allerdings erst im Jahr 1912 realisiert.

1929 untersuchte die Vereinigung Vorpommerscher Kleinbahnen ihre Strecken auf Wirtschaftlichkeit und Zustand. Die damals angestellten Ermittlungen zeichneten für die Franzburger Kreisbahnen ein düsteres Bild. Abgefahrene Gleise und heruntergekommene Betriebsmittel erforderten möglichst kurzfristig einen Betrag von 855.000 Reichsmark, der aber weder zur Verfügung stand, noch in absehbarer Zeit aufzubringen war.

In Höhe der Überführung der Strecke Barth – Damgarten über die Gleise der Staatsbahn ließ das Reichsluftfahrtministerium 1934 einen Flugplatz bauen. Aus diesem Grund mußte das Streckengleis von Bahnkilometer 31 bis 33 verlegt werden. Dadurch verlängerte sich die Strecke um fast 500 m. Ein Jahr später erhielten die Franzburger Kreisbahnen in Bahnkilometer 56,4 bei Pütnitz ein Anschlußgleis. Auch hier entstand im Auftrage des Reichsluftfahrtministeriums ein Flugplatz. Ursprünglich sollten sämtliche Materialtransporte von Damgarten aus per Rollbockverkehr über die Kleinbahn durchgeführt werden. Die dazu notwendigen Investitionsmittel von 100.000 Reichsmark wurden jedoch nicht bewilligt, statt-

Nach 1965 war Hermannshof der westliche Endpunkt der Franzburger Kreisbahnen. Weitab von jeder weiteren Bebauung stand hier ein bescheidenes Haltestellenhäuschen.

Die obere Aufnahme zeigt den Triebwagen VT 137 532 im Juli 1969 (Foto: Steffen Weigel) ...

... und die untere den Triebwagen VT 137 563 am 23. Juli 1970 in Hermannshof (Foto: Rainer Heinrich).

Personenzug 864 nach Barth mit Lok 99 5601 am 24. September 1957 in Damgarten. Die ehem. sächsischen Personenwagen wurden von 750 mm auf 1000 mm umgespurt.
Foto: Günter Meyer

dessen verlegte man aber ein zweites Anschlußgleis bis zur regelspurigen Staatsbahnstrecke. Trotz alledem profitierte die Kleinbahn vom Bau des Flugplatzes. So verkehrten zeitweise besondere Arbeiterzüge von Barth nach Pütnitz.

Der heruntergekommene Oberbau der Kleinbahn verlangte Mitte der dreißiger Jahre kurzfristige Sanierungsmaßnahmen, die ab 1937 in Angriff genommen wurden. Als erstes wurde ein 7,5 km langes Streckenstück zwischen Stralsund und Altenpleen mit schwereren Schienen versehen. Weitere Maßnahmen verhinderte der 2. Weltkrieg.

Um den unwirtschaftlichen Schienenpersonenverkehr zu beschleunigen und vor allem kostengünstiger zu betreiben, beschafften die Franzburger Kreisbahnen 1935 einen vierachsigen Triebwagen von der Waggonfabrik Dessau. Der Wagen ermöglichte mit seiner Höchstgeschwindigkeit von 40 km/h eine deutliche Beschleunigung im Personenverkehr. Damit war es in beschränktem Maße möglich geworden, weitere Zugverbindungen anzubieten. So verkehrte zwischen Stralsund und Klausdorf ab 15.5.1936 ein drittes Zugpaar an Sonntagen.

Die letzten Betriebsjahre

Nach dem 2. Weltkrieg betrieben die Pommerschen Landesbahnen die Franzburger Kreisbahnen zunächst weiter. Das Angebot im Personenverkehr war bescheiden. Zeitweise verkehrten nur noch zwei Zugpaare in der Woche.

Als die Kleinbahn am 1. April 1949 enteignet und von der Deutschen Reichsbahn übernommen wurde, fanden die neuen Eigentümer die Bahnanlagen in einem trostlosen Zustand vor. Ein Teil der Strecke zwischen Barth und Stralsund war so schlecht, daß unverzüglich mit Reparaturmaßnahmen begonnen wurde. Die schwachen Schienenprofile wurden durch stärkere ersetzt, die morschen Schwellen ausgetauscht. Später baute die Deutsche Reichsbahn hier teilweise sogar Betonschwellen ein. Für den Transport der Schmalspurfahrzeuge, die von nun an in den Reichsbahnausbesserungswerken ihre planmäßigen Untersuchungen erhalten sollten, entstand in Barth eine spezielle Kopframpe.

Im Bereich der Stadt Stralsund führte die Strecke vom Kleinbahnhof zunächst über den Bahnhofsvorplatz der Hauptbahn, dann über den Tribseer Damm Richtung Barther Straße. Im Bereich Tribseer Damm/Ecke Bahnhofstraße kreuzte das Gleis die Straßenbahn. Hier, wo beide Bahnen mit dem ständig stärker werdenden Individualverkehr aufeinander trafen, entwickelte sich ein ständiger Gefahrenpunkt. Anstatt jedoch diese gefährliche Kreuzung durch bauliche Maßnahmen zu entschärfen, mußte die Bahn weichen. Am 16. Juni 1961 verkehrte hier der letzte Zug. Endstation der Kleinbahn war fortan die neu eingerichtete Station Stadtwald. Die zur Anbindung nach Stralsund verkehrenden Omnibusse konnten einen deutlichen Rückgang im Reiseverkehr nicht verhindern. Ebenso fehlte der Kleinbahn in Stralsund nun die Übergabemöglichkeit für Güterzüge. Eingesetzt wurden zu dieser Zeit zwei Triebwagen im Personenverkehr zwischen Ribnitz-Damgarten und Stralsund, ergänzt durch zwei Dampfzugpaare von Barth nach Klausdorf.

Im Jahr 1964 wurden die Franzburger Kreisbahnen einer detaillierten Wirtschaftlichkeitsprüfung unterzogen. Das Ergebnis war geradezu niederschmetternd: Gerade 10% der Aufwendungen für den Bahnbetrieb flossen in Form von Einnahmen zurück in die Kassen der Deutschen Reichsbahn. Damit war das Todesurteil für die Schmalspurbahn gesprochen.

Das Ende

Als erster Schritt wurde der schon seit jeher unwirtschaftliche Personenverkehr zwischen Ribnitz-Damgarten Nord und Hermannshof am 29. Mai 1965 eingestellt. Der schwache Güterverkehr blieb vorläufig auf der Gesamtstrecke bestehen. Drei Jahre später, am 30. November 1968, folgte der Gesamtverkehr zwischen Barth und Stralsund einschließlich der Strecke nach Klausdorf. Wenige Monate darauf, am 30. Mai 1969, rollte auch zwischen Ribnitz-Damgarten und Barth der letzte Güterzug. Es verblieben lediglich Triebwagenfahrten zwischen Barth und Hermannshof für den Schülerverkehr. Schwierigkeiten bei der Umstellung auf Busbetrieb verlängerten dem kleinen Rest, der von den Franzburger Kreisbahnen übrig geblieben war, für etwa anderthalb Jahre das Leben. Endgültig stillgelegt wurde die FKB schließlich am 4. Januar 1971. Wenig später begann der Abbau der Anlagen.

Oben: In Stralsund Stadtwald, ab 1961 Endpunkt der Franzburger Kreisbahnen, wartet der „Franzose" VT 137 562 am 19. August 1966 auf Fahrgäste. Foto: Heinrich Räer
Unten: Echte Kleinbahnatmosphäre strahlt der Bahnhof Lüdershagen aus (VT 137 563 am 23. Juli 1970). Foto: Rainer Heinrich

Die Betriebsmittel der Franzburger Kreisbahnen

Die ersten drei Lokomotiven der Franzburger Kreisbahnen standen schon während der Bauzeit im Jahr 1894 in Betrieb. Lieferant dieser kleinen zweiachsigen Maschinen war die Firma Vulcan. Sie besaßen Heusinger-Steuerung und zeichneten sich allgemein durch ihren einfachen Aufbau aus. Ein Jahr später lieferte Vulcan nochmals drei Maschinen gleicher Bauart an die FKB. Die später mit den Reichsbahn-Betriebsnummern 99 5601-5606 versehenen B-Kuppler standen mit einer Ausnahme (99 5604) noch in den sechziger Jahren im Einsatz. Zwei von ihnen, die 99 5605 und 99 5606, erlebten sogar noch das Jahr 1968, als der größte Teil der Franzburger Kreisbahnen stillgelegt wurde.

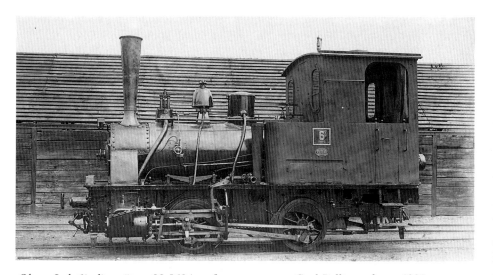

Oben: Lok 6i, die spätere 99 5604, aufgenommen von Carl Bellingrodt um 1935.
Sammlung: Helmut Griebl
Unten: Die Lok 99 5611 war 1928 von der Salzwedeler Kleinbahn als Lok 9 nach Barth gekommen. Seit 1973 gehört sie einer französischen Museumsbahn (Barth, 17. Juni 1968).
Foto: Alfred Luft

Die leistungsschwachen B-Kuppler waren vor allem während der Rübenernte den Anforderungen kaum gewachsen, so daß um 1900 bei Vulcan eine stärkere, vierachsige Lokomotive in Auftrag gegeben wurde. Da Vulcan nicht über die nötigen Erfahrungen beim Bau mehrachsiger Lokomotiven mit starrem Rahmen verfügte, wurde 1902 eine Mallet-Lok an die FKB ausgeliefert. Die Maschine besaß zwei zweiachsige Triebwerke. Das vordere Triebwerk war als Drehgestell ausgeführt, das hintere fest mit dem Lokrahmen verbunden. Eine zweite, fast baugleiche Lok folgte 1910 vom gleichen Hersteller. 1913 kam eine dritte Mallet-Lokomotive zu den Franzburger Kreisbahnen, die abweichend von der bisherigen Praxis von Hanomag geliefert wurde. Als während des 1. Weltkrieges zahlreiche Privatbahnen Lokomotiven und Wagen an die Heeresfeldbahn abgeben mußten, trennten sich die FKB von der nicht besonders zuverlässigen Hanomag-Mallet. Ihre beiden Vorgänger hingegen blieben mit den späteren Reichsbahnnummern 99 5621 und 99 5622 noch viele Jahre im Einsatz und wurden erst 1967 bzw. 1969 ausgemustert.

Mit den vorhandenen acht Dampflokomotiven waren die Franzburger Kreisbahnen gut bestückt. Für die leichten Personenzüge reichten die kleinen B-Kuppler allemal. Für den Güterverkehr standen die beiden Mallet-Maschinen bereit. Dennoch beschaffte man Ende der zwanziger Jahre eine gebrauchte dreiachsige Lok. Der im Jahr 1928 von der Salzwedeler Kleinbahn übernommene C-Kuppler stand bis zum Ende der Bahn als 99 5611 im Dienst und wurde 1973 an die französische Museumsbahn Dunières – Saint-Agrève verkauft.

In den fünfziger Jahren, als die Deutsche Reichsbahn längst den Betrieb zwischen Damgarten und Stralsund übernommen hatte, erschien in Barth eine C1-Lok französischer Herkunft. Die ehemalige „Beutelok" mit der Reichsbahnnummer 99 5631 war nach 1945 mit einer Schwestermaschine über die Hildburghausen-Heldburger Eisenbahn zur Harz-

Lok 8ii der Franzburger Kreisbahnen in Stralsund Ost, fotografiert von Carl Bellingrodt. Sammlung: Helmut Griebl

querbahn gelangt und 1954 nach einer grundlegenden Aufarbeitung auf der Selketalbahn zum Einsatz gekommen. 1957 hatte man dort keine Verwendung mehr für die Lok und setzte sie zu den Franzburger Kreisbahnen um. Die Schwestermaschine, die ebenfalls in Diensten der Selketalbahn gestanden hatte, wurde verschrottet und nicht, wie vielfach geschrieben, ebenfalls nach Barth umstationiert.

Die zunehmende Konkurrenz durch Omnibusse und private Pkw zwangen die Franzburger Kreisbahnen in den dreißiger Jahren, nach Möglichkeiten zu suchen, den eigenen schienengebundenen Personenverkehr schneller, attraktiver und vor allem wirtschaftlicher zu gestalten. Gute Erfahrungen anderer Privatbahnen mit Triebwagen bewogen die Verantwortlichen der FKB 1935 zum Kauf eines solchen Fahrzeugs. Beschafft wurde ein Vierachser der Waggonfabrik Dessau mit einer Leistung von 105 PS. Sein Einsatz verkürzte die Fahrzeiten nicht unbeträchtlich, lag doch seine Höchstgeschwindigkeit bei 40 km/h. 1939 wurde ein weiterer baugleicher Triebwagen gekauft. Mit jeweils einem vierachsigen Beiwagen der stillgelegten Kehdinger Kreisbahn gekuppelt waren die Triebwagen in der Lage, den größten Teil aller dampfgeführten Personenzüge zu ersetzen.

1942 erhielten die FKB drei in Frankreich requirierte dieselelektrische Triebwagen. Von diesen drei 107 PS starken Fahrzeugen wurde aus Ermangelung an Ersatzteilen jeweils nur einer eingesetzt. Drei betriebsfähige Einheiten reichten ohnehin aus, den gesamten Personenverkehr abzuwickeln.

Nach Übernahme durch die Deutsche Reichsbahn wurde jeweils ein Triebwagen beider Gattungen zu einem Beiwagen umgebaut, so daß insgesamt noch drei Motorwagen für den Personenverkehr zur Verfügung standen. Der Dessauer Triebwagen lief bis zum 4.1.1971 auf den FKB-Gleisen und steht heute dem Deutschen Eisenbahn-Verein in Bruchhausen-Vilsen betriebsfähig zur Verfügung. Von den drei Franzosen wurde der VT 137 563 als Letzter ausgemustert und, wie seine Vorgänger, später verschrottet.

Dampflokomotiven, Diesellok und Triebwagen der Franzburger Kreisbahnen

FKB-Nr.	DR-Nr.	Bauart	Hersteller	Baujahr	Bemerkungen
1i	99 5601	B-n2t	Vulcan	1893	1966 ausgemustert
2i	99 5602	B-n2t	Vulcan	1893	1967 verkauft
3i	99 5603	B-n2t	Vulcan	1893	1962 ausgemustert
4i	99 5605	B-n2t	Vulcan	1894	1970 an Minidom Düsseldorf, 1980 an Museumsbahn Bruchhausen-Vilsen
5i	99 5606	B-n2t	Vulcan	1894	1970 an Firma LGB, Nürnberg
6i	99 5604	B-n2t	Vulcan	1894	1957 ausgemustert
7ii	99 5621	B'B-n4vt	Vulcan	1902	1969 ausgemustert
8ii	99 5622	B'B-n4vt	Vulcan	1910	1967 ausgemustert
9ii		B'B-n4vt	Hanomag	1913	1916 an Heeresfeldbahn
9	99 5611	C-n2t	Henschel	1903	1928 von Salzwedeler Kleinbahn, 1973 an französische Museumsbahn
	99 5631	C1'-n2t	Schneider	1890	1957 von Selketalbahn, 1966 ausgem.
	Kö 6501	B-dm	Babelsberg	1953	1965 an Industriebahn Halle
	137 531	(1A)'(A1)'	Dessau	1935	ehem. Pommersche Landesbahn (1121), 1952 Umbau in VB 147 562
	137 532	(1A)'(A1)'	Dessau	1939	ehem. Pommersche Landesbahn (1124), 1974 an Museumsbahn Bruchhausen-V.
	137 562	Bo'2'	Brissonneau	1939	ehem. Pommersche Landesbahn (1125)
	137 563	Bo'2'	Brissonneau	1939	ehem. Pommersche Landesbahn (1126)
	137 564	Bo'2'	Brissonneau	1939	ehem. Pommersche Landesbahn (1127), 1951 Umbau in VB 147 561
	133 521	1A	Werdau	1929	1952 von Gera-Pforten, 1961 ausgem.

Vulcan-Werkbild der Mallet-Lok 7ii, die später die Reichsbahnnummer 99 5621 erhielt.
Sammlung: Gerhard Moll

Nicht vergessen werden sollte der älteste Schmalspurtriebwagen der Deutschen Reichsbahn, der 1952 mit der Betriebsnummer VT 133 521 von Gera-Pforten nach Barth umgesetzt wurde. Es handelte sich dabei um einen umgebauten Straßenomnibus, gebaut bei den Linke-Hofmann-Werken AG in Werdau. Der im Einrichtungsbetrieb einsetzbare Triebwagen stand nur kurze Zeit im Einsatz und wurde 1961 ausgemustert.

1957 erschien in Barth für einige Jahre die Kö 6501, eine dreiachsige Diesellok, die 1953 von der Lokomotivfabrik „Karl Marx" Babelsberg geliefert wurde. Die 60 PS starke Maschine wurde zeitweise zu Rangierdiensten herangezogen. Damit konnte auf den wesentlich aufwendigeren Einsatz einer Dampflok im Verschub verzichtet werden. 1965 wurde die Diesellok zur Industriebahn Halle umstationiert.

Die Kreisbahnstrecke

Die FKB-Strecke Damgarten — Barth — Stralsund nahm ihren Anfang im Bahnhof Damgarten Landesbahnhof. 1950 wurde die Bahnstation nach Zusammenschluß der beiden Orte Ribnitz und Damgarten in Ribnitz-Damgarten Ost umbenannt. Der nördlich der Hauptbahn Rostock — Stralsund gelegene Schmalspurbahnhof hatte vor allem für den Güterverkehr Bedeutung. Für das Umladen auf Waggons der Regelspurstrecke standen mehrere Nebengleise zur Verfügung, die außerhalb der Rübensaison vornehmlich zum Abstellen vorübergehend nicht benötigter Güterwagen benutzt wurden. Vorhanden war ferner eine Rollbockanlage. Da die Strecke lediglich bis Dechowshof im Rollbockverkehr befahren werden durfte, spielte der Transport von Regelspurwagen lediglich eine untergeordnete Rolle. Wegen des desolaten Gleiszustandes wurde der Rollbockverkehr 1945 aus Sicherheitsgründen eingestellt.

Die Baulichkeiten des Bahnhofs Ribnitz-Damgarten Ost waren bescheiden. Neben einem zweiständigen Lokschuppen war lediglich ein kleiner Güterschuppen vorhanden. Ein eigenes Empfangsgebäude existierte nicht.

Von Ribnitz-Damgarten aus verlief das Streckengleis zunächst bergab in westliche Richtung und erreichte wenig später den Abzweig zum Hafen Damgarten, der bis 1945 mehr oder weniger regelmäßig im Rollbockverkehr bedient wurde. Kurz vor der Weiche, in Höhe der Haltestelle Damgarten Hafenbahnhof, fand bei so manchem schweren Güterzug aus Barth ein außerplanmäßiger Halt statt, um für die sich anschließende Steigung bis Damgarten Landesbahnhof den nötigen Dampf zu sammeln. Wenige hundert Meter hinter dem Hafenbahnhof lag die Anschlußstelle Pütnitz. Im Zusammenhang mit dem Bau eines Militärflugplatzes entstand 1935 ein Anschlußgleis mit einer Ladestraße, das jedoch nur kurze Zeit benutzt wurde.

Im weiteren Verlauf führte das Schmalspurgleis zunächst in nördliche, wenig später dann in nordöstliche Richtung durch ebenes, landwirtschaftlich intensiv genutztes Tiefland. In Dechowshof ermöglichte ein beiderseits angebundenes Ladegleis den Umschlag landwirtschaftlicher Produkte. Bis hierher durfte von Damgarten Landesbahnhof aus im Rollbockverkehr gefahren werden, eine Möglichkeit, von der jedoch nur wenig Gebrauch gemacht worden ist. Wie auf vielen anderen Stationen der Franzburger Kreisbahnen ist in Dechowshof Ende der dreißiger Jahre das ursprüngliche Wellblechwartehäuschen durch ein Betonhaus ersetzt worden. Ähnliche Einrichtungen, wie in Dechowshof, besaß auch der nachfolgende Bahnhof Kückenshagen, der lediglich während der Rübenernte reges Wagenladungsaufkommen aufzuweisen hatte.

Der Bahnhof Saal, wenige Kilometer weiter in Richtung Barth, hatte für den Güterverkehr der Franzburger Kreisbahnen weit mehr Bedeutung, nicht zuletzt durch das Anschlußgleis der benachbarten

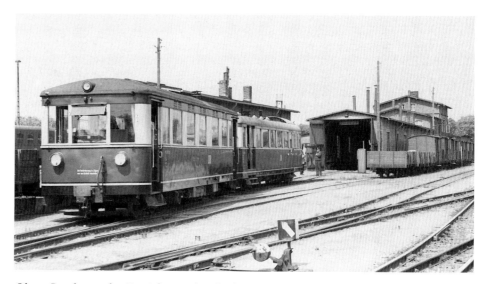

Oben: Barth war der Betriebsmittelpunkt der FKB. Die Triebwagen (hier die VT 137 532 und VT 137 562 im Mai 1967) hatten hier eigene Remisen. Foto: Klaus Kieper
Unten: Am 18. September 1965 stand die Lok 99 5631 abgestellt in Barth. Ein Jahr später wurde die Maschine ausgemustert. Foto: Hans Müller

Oben: Der VT 133 521 der Gera-Meuselwitz-Wuitzer Eisenbahn (GMWE) hat sich auf den FKB-Gleisen nicht bewährt. Bis zu seiner Ausmusterung im Jahr 1961 stand er kaum im Einsatz.
    Sammlung: Rainer Heinrich
Unten: Triebwagen VT 137 563 am 7. August 1959 in Stralsund Ost.
    Foto: Saby / Sammlung: Rainer Heinrich

Tonwarenfabrik. Für den Ladeverkehr mit landwirtschaftlichen Gütern standen zwei Nebengleise zur Verfügung. Der Güterumschlag erfolgte mit Hilfe einer Feldbahn, deren Gleise auf einer höherliegenden Rampe parallel neben einem Ladegleis endeten. Zuckerrüben und andere Produkte konnten auf diese Weise direkt in die Güterwagen der FKB gekippt werden. Das relativ große Stationsgebäude von Saal blieb erhalten und diente nach der Stillegung der Schmalspurbahn als Kindergarten.

Über den unbedeutenden Bahnhof Staben, der lediglich über ein kurzes Nebengleis verfügte, führte die FKB-Strecke im weiteren Verlauf in östliche Richtung. Schon bald folgte der Bahnhof Hessenburg. Die Ausstattung war einfach. Neben einem kleinen Stationshäuschen war lediglich ein Ladegleis vorhanden. Auf der Ladestraße nebenan endete die Feldbahn. Während der Zuckerrübenernte herrschte stets rege Ladetätigkeit. Auch der nachfolgende Bahnhof Hermannshof (früher Hermannshagen) besaß einen Feldbahnanschluß. Eine höherliegende Rampe ermöglichte hier ein schnelles Umladen von landwirtschaftlichen Produkten. Für den Wagenladungsverkehr standen zwei Nebengleise zur Verfügung.

Auf dem Weg in Richtung Barth folgten in kurzen Abständen die Betriebsstellen Lüdershagen Weiche (nur Güterverkehr), Lüdershagen Bahnhof und Grünau. Für den Güterverkehr war jeweils ein Ladegleis vorhanden, daneben eine Ladestraße. Den nächsten größeren Bahnhof gab es in Spoldershagen mit zwei beiderseits angeschlossenen Nebengleisen. Neben einer der beiden Ladestellen verlief eine Rampe mit einem Feldbahngleis, um Zuckerrüben direkt in Waggons der FKB kippen zu können. Ein weiterer Feldbahnanschluß endete auf der gegenüberliegenden Seite an der Ladestraße. Für die Versorgung der Dampflokomotiven mit Wasser stand in Spoldershagen ein „Elevator" zur Verfügung. Ähnliche Einrichtungen besaßen auch die Bahnhöfe Saal, Hermannshof, Zipke, Lassentin und Oldendorf.

Östlich von Spoldershagen führte die Schmalspurbahn durch ein größeres Waldstück, bevor auf einer 12 m langen eisernen Brücke mit Kastenträgern das Flüßchen Barthe überquert wurde. Es folgte die Ladestelle Frauendorf mit einem Nebengleis für den Wagenladungsverkehr, wenig später dann der gleichnamige Bahnhof. Auch hier war ein Nebengleis für Ladetätigkeiten vorhanden, ebenso eine längere Ladestraße.

Die ehemalige Haltestelle Divitz, kurz vor Barth, wurde Mitte der dreißiger Jahre im Zusammenhang mit dem Bau eines Militärflugplatzes bei Barth umgebaut und in einen Bahnhof umgewandelt. Gleichzeitig erfolgte in diesem Bereich die Verlegung des Streckengleises auf einer Länge von etwa 2 km. Unmittelbar im Anschluß daran führte die Bahn mit Hilfe einer Überführung über die Regelspurstrecke Velgast — Barth — Prerow nach Barth.

Barth war betrieblicher Mittelpunkt der Franzburger Kreisbahnen. Großzügige Gleisanlagen, Lokschuppen und Werkstatt bestimmten das Bild. Selbst Einfahrtsignale waren vorhanden. Schon 1897 wurde in Barth ein zweiter Lokschuppen errichtet, 1912 folgte eine große Werkstatt mit entsprechenden Gleiserweiterungen. Erneute Bautätigkeiten setzten mit dem Ankauf eines Triebwagens ein. Zunächst wurde 1935 ein massiver Schuppen geschaffen, der später für einen zweiten Triebwagen erweitert wurde.

Die Strecke nach Stralsund verließ Barth in östliche Richtung. Auf den ersten Kilometern war eine nicht unbedeutende Steigung zu überwinden. Schwere Züge erhielten daher bis zum Bahnhof Küstrow eine Schiebelok. Küstrow besaß die Standardausstattung vieler FKB-Bahnhöfe in Form eines zweiseitig angebundenen Ladegleises mit entsprechender Ladestraße. Für den Personenverkehr war ein kurzer Bahnsteig mit Wartehäuschen vorhanden. Ähnlich hatten die FKB in der waldarmen, landwirtschaftlich intensiv genutzten Um-

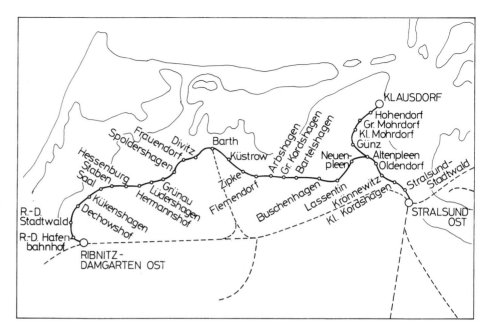

gebung auch die nachfolgenden Bahnhöfe Zipke und Flemendorf ausgestattet. Über Arbshagen und Groß Kordelshagen verlief die Schmalspurbahn weiterhin in Richtung Osten. Beide Bahnstationen besaßen Ladegleise und waren 1935/36 mit Betonwartehäuschen anstelle der bis dahin vorhandenen Wellblechbuden ausgestattet worden.

Größere Bedeutung für den Güterverkehr hatte der nachfolgende Bahnhof Bartelshagen. Neben dem relativ langen Ladegleis endete an der Ladestraße die Feldbahn. Vor allem im Herbst herrschte hier reges Ladegeschäft. Feldbahnanschluß besaß auch der nur wenige Kilometer weiter gelegene Bahnhof Lassentin.

Über den Bahnhof Neuenpleen mit üblicher Ausstattung — Nebengleis, kurzer Bahnsteig und Betonwartehäuschen — erreichte die Schmalspurbahn wenig später den Abzweigbahnhof Altenpleen. Hier begann die Seitenlinie nach Klausdorf. Interessant ist die Tatsache, daß das Streckengleis von Klausdorf einmal ein Einfahrtsignal besessen hat, während das durchgehende Gleis Barth — Stralsund mit Trapeztafeln auskommen mußte. 1939 wurde in Altenpleen die Wellblechwartebude aus den Anfangsjahren durch ein massives Stationsgebäude ersetzt.

Das Streckengleis nach Klausdorf verließ den Bahnhof Altenpleen in nordwestliche Richtung und führte durch waldarmes, dünn besiedeltes Tiefland nach Norden. Über die Bahnhöfe Klein Mohrdorf und Groß Mohrdorf, beide mit zweiseitig angebundenem Ladegleis ausgestattet

Nach gut 2 Stunden Fahrzeit hat der aus Klausdorf kommende GmP 9220 mit Lok 99 5611 am 17. Juni 1968 sein Ziel Barth fast erreicht.
Foto: Alfred Luft

(letzterer sogar mit Feldbahnanschluß), erreichte das Gleis den Bahnhof Hohendorf. Wie auf den meisten anderen FKB-Bahnhöfen stand auch hier für den Güterumschlag ein Ladegleis und eine Feldbahn zur Verfügung. Ein zusätzliches Gleis führte in einen Düngerschuppen auf der Südseite des Bahnhofs.

Wenig später endete die Strecke im Bahnhof Klausdorf. Auch hier war die Ausstattung bescheiden: Neben dem kleinen Stationshäuschen gab es einen einständigen Lokschuppen, ein Beamtenwohnhaus sowie eine Elevatoranlage zur Versorgung der Dampflokomotiven mit Wasser. Die Gleisanlagen genügten allen Ansprüchen. Neben einem Lade- und einem kurzen Stumpfgleis war lediglich eine Umsetzmöglichkeit für lokbespannte Züge vorhanden.

Über den Bahnhof Oldendorf und vorbei an der Ladestelle Schmedshagen, beide mit langen Ladegleisen ausgestattet, erreichte die Schmalspurbahn den Bahnhof Krönnewitz. Hier waren die Bahnanlagen durch einen Feldweg geteilt. In Richtung Barth gab es ein Nebengleis für Zugkreuzungen, während sich auf der anderen Seite des Feldweges die Anlagen für den Personen- und Ladeverkehr mitsamt einem kurzen Nebengleis befanden.

Über Klein Kordelshagen und vorbei an der Ladestelle Groß Kehdingshagen, beide mit Ladegleisen und Feldbahnanschluß ausgestattet, näherte sich die Bahn den Außenbezirken der Stadt Stralsund. Hier endeten seit 1961 die Franzburger Kreisbahnen. Als neuer Endpunkt wurde der Bahnhof Stralsund Stadtwald gebaut, der lediglich über ein Umsetzgleis mit zwei Weichen und eine kleine Drehscheibe für den Schneepflug verfügte. Der Personenverkehr in die Stadt hinein und zum Hauptbahnhof wurde mit einem Buszubringer aufrechterhalten.

Einfahrt des GmP 9216 aus Damgarten in den Bahnhof Barth am 27. Juni 1960. Interessant ist die Herkunft von Lok und Wagen: Die Zuglok 99 5611 kam 1928 von den Salzwedeler Kleinbahnen. Der Packwagen lief zuvor als Personenwagen auf der Meterspurbahn Reichenbach – Oberheinsdorf. Die Personenwagen stammen ebenfalls aus Sachsen; sie wurden von 750 mm auf 1000 mm umgespurt.
Foto: Günter Meyer

Vor der 1961 erfolgten Betriebseinstellung im Stadtbereich von Stralsund führte die Schmalspurbahn auf einer Länge von über 700 m auf öffentlichen Straßen bis zum Bahnhof Stralsund Ost. Am Ende der Barther Straße gab es bis 1923 den Haltepunkt Stadtkoppel. Schon im Jahr 1898 (!) stellten die Kreisbahnen hier einen Fahrkartenautomaten auf, der sich angeblich gut bewährt hat. Später wurde die Haltestelle wegen zu geringer Inspruchnahme aufgegeben. Der Streckenverlauf im Stadtbereich entwickelte sich nach dem Krieg in Anbetracht der wachsenden Motorisierung immer mehr zu einem Verkehrshindernis, so daß dieser Abschnitt 1961 stillgelegt wurde.

Vor der Stillegung bestand in Stralsund eine dritte Übergangsmöglichkeit zur Staatsbahn. Ursprünglich lagen der Hauptbahnhof und der Endpunkt der Schmalspurbahn direkt nebeneinander. Der Umbau der Staatsbahnanlagen brachte den FKB erhebliche Nachteile, waren doch nun 700 m zu Fuß zum Bahnhof Stralsund Ost zurückzulegen. Für die Gepäckbeförderung zwischen beiden Stationen stand anfangs ein Handwagen zur Verfügung, ab 1934 dann ein Lieferwagen vom Typ „Goliath". Zum Umladen und Abstellen von Güterwagen waren in Stralsund Ost umfangreiche Gleisanlagen vorhanden. Neben einem zweiständigen Lokschuppen waren ferner ein Stationsgebäude in Fachwerkbauweise, ein Güterschuppen sowie eine Gleiswaage und eine Ladelehre vorhanden. Ursprünglich sollte auch der Stralsunder Hafen mit der Kleinbahn verbunden werden. Um sich einen kostspieligen Streckenneubau zu ersparen, waren die Gleise der ebenfalls meterspurigen Straßenbahn mit in die Überlegungen einbezogen worden. Ausgeführt wurden diese Pläne allerdings nicht mehr.

Die Lok 99 5605, die ehemalige Lok 4i der FKB, stand nach 1970 als Denkmal in Düsseldorf und ging 1980 an den Deutschen Eisenbahnverein (DEV), der die Museumsbahn Bruchhausen-Vilsen — Asendorf betreibt. Dort steht die Lok heute unter dem Namen „Franzburg" im Einsatz. Die Aufnahme entstand um 1960 in Stralsund Ost.
Foto: Gerhard Illner / Sammlung Klaus Kieper

Am 17. Juni 1968, fünf Monate vor der Stillegung der Strecken Stralsund Stadtwald – Barth und Altenpleen – Klausdorf, brachte die 99 5611 den langen GmP 9220 von Klausdorf nach Barth (fotografiert bei Zipke).
Foto: Alfred Luft

Personenzug 9221 Barth — Altenpleen mit Lok 99 5622 am 18. September 1965 bei Barth.
Foto: Hans Müller

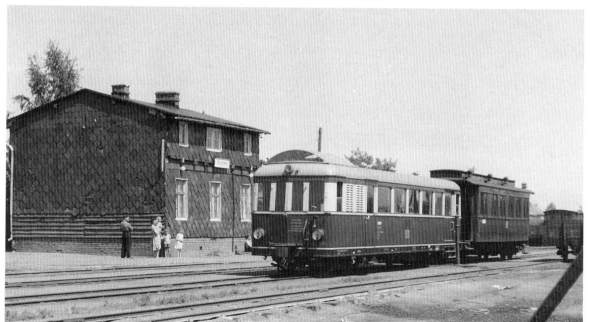

Triebwagen VT 137 563 als T 1353 Stralsund — Barth am 18. Juni 1962 in Altenpleen. Der Beiwagen stammt von der Kehdinger Kreisbahn und ist mit einer Druckluftbremse ausgerüstet!
Foto: Günter Meyer

*Am 18. Juni 1962 beförderte die Lok 99 5621 den GmP 9221 von Barth nach Klausdorf. Die obere Aufnahme entstand in Hohendorf, die untere in Altenpleen.
Fotos: Günter Meyer*

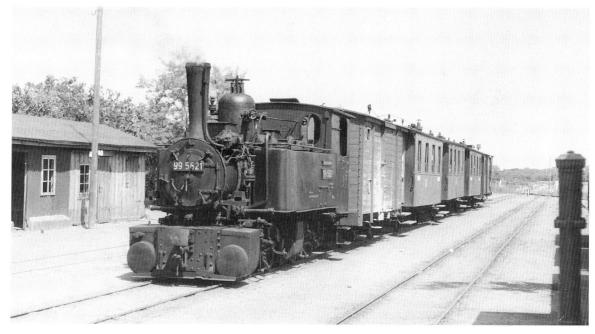

Bad Doberan — Ostseebad Kühlungsborn

Erste Schmalspurbahn an der Ostsee

Die Ursprünge der Doberan-Heiligendammer Eisenbahn (DHE) gehen auf das Jahr 1881 zurück, als der Rittmeister a.D. Berg aus Berlin mit einem Projekt an die Öffentlichkeit trat, auf der Straße von Doberan nach dem Seebad Heiligendamm einen regelmäßigen Verkehr mit Dampfkaleschen und Dampfpostwagen zu betreiben. Sein Vorhaben fand jedoch wenig Freunde, so daß wenig später das Eisenbahnbau- und Betriebsunternehmen Lenz (später Lenz & Co) mit der Projektierung einer Eisenbahn zwischen beiden Orten beauftragt wurde. Eine entsprechende Konzession wurde am 19. Juni 1886 durch das Großherzogliche Ministerium des Innern auf eine Dauer von zunächst 15 Jahren erteilt.

Nach gut sechswöchiger Bauzeit wurde die 6,6 km lange Verbindung zwischen dem Ostseebad Heiligendamm und der normalspurigen Eisenbahnstrecke Rostock — Wismar am 9. Juli 1886 in Betrieb genommen. Auf der Bäderbahn verkehrten die Züge zunächst nur während der Sommermonate zwischen dem 1. Juni und dem 30. September. Außerhalb der Badesaison ruhte der Verkehr, von wenigen Sonderzügen zu bestimmten Anlässen einmal abgesehen. Eine Besonderheit stellte die Spurweite von 900 mm dar, die ansonsten fast ausschließlich bei Werksbahnen zu finden war.

Die Anfänge waren bescheiden. So standen dem Betrieb neben zwei kleinen zweiachsigen Trambahnlokomotiven mit Dampfkondensationseinrichtung zunächst nur ein Gepäckwagen und acht Personenwagen mit zusammen 246 Sitzplätzen zur Verfügung. Am 13. März 1890 erwarb die Großherzogliche Regierung Mecklenburg-Schwerin die Schmalspurstrecke und unterstellte sie als staatliche Eisenbahn der Mecklenburgischen Friedrich-Franz-Eisenbahn (MFFE).

Durch die Schmalspurbahn nahm der Badebetrieb in Heiligendamm erheblich zu, — eine Entwicklung, von der auch die benachbarten Orte Fulgen und Brunshaupten profitierten. Auch das Dorf Arendsee versuchte, Schritt zu halten und ein Badeort zu werden. Der Droschkenbetrieb zwischen Heiligendamm und den neuen Badeorten konnte die nun heranflutenden Menschenmengen bald nicht mehr bewältigen, so daß 1908 erstmals angeregt

Der Bahnhof Arendsee um 1914 mit abfahrbereitem Personenzug nach Doberan. Damals trug die Lok 1007 noch seitliche Verkleidungen. Sie wurden nach 1920 aus Gründen besserer Triebwerkszugänglichkeit entfernt.
Sammlung: Klaus Kieper

Eine Rarität stellt diese im Jahr 1930 entstandene Aufnahme dar! Die Lok 99 303 hat mit einem Güterzug aus Arendsee den Bahnhof Bad Doberan erreicht.
Foto: Werner Hubert / Sammlung: H.G. Hesselink

wurde, die Schmalspurbahn bis Arendsee (heute Kühlungsborn) zu erweitern.

Ohne die in solchen Angelegenheiten sonst üblichen langwierigen Verhandlungen schritt man unverzüglich ans Werk. Bereits am 12. Mai 1910 war die Strecke über Heiligendamm hinaus bis Arendsee fertig. Die Streckenlänge war von 6,61 km auf 15,4 km angewachsen. Mit Eröffnung der Streckenverlängerung wurde gleichzeitig der Ganzjahresbetrieb eingeführt, ferner konnten fortan auch Güter befördert werden. Zunächst fehlten jedoch noch die erforderlichen Betriebsmittel. Sie waren zu spät in Auftrag gegeben worden und standen daher erst Monate später zur Verfügung.

Umbau in Normalspur?

Zehn Jahre später hatte die Deutsche Reichsbahn die Betriebsführung der Schmalspurbahn übernommen. Noch immer nahm der Verkehr von Jahr zu Jahr zu. So wurde schon 1925 ernsthaft erwogen, die Strecke auf Normalspurbetrieb umzustellen. Als diese Pläne in ein konkretes Stadium traten, beendete 1930/31 die Weltwirtschaftskrise sämtliche weiteren Aktivitäten. Die Umstellung auf Normalspur wurde zu den Akten gelegt. Anstelle dessen sollte nun eine grundlegende Modernisierung der Bahn erfolgen. So bestellte die Deutsche Reichsbahn kurzfristig drei neue Lokomotiven bei Orenstein & Koppel in Berlin-Drewitz sowie bei der Waggonfabrik Wismar neue Reisezug- und Gepäckwagen. Außerdem wurden umfangreiche Arbeiten an den Gleisanlagen in Angriff genommen.

1938 erfolgte der Zusammenschluß der Badeorte Fulgen, Brunshaupten und Arendsee zur neuen Stadtgemeinde Kühlungsborn. Wenig später beendete der 2. Weltkrieg die bis dahin stürmische Entwicklung der benachbarten Ostseebäder und ihrer Schmalspurbahn. Man hatte andere Sorgen, als an die Ostsee in den Badeurlaub zu fahren. Dementsprechend gingen die Verkehrsleistungen erheblich zurück.

Die Zeit nach 1945

Nach Kriegsende erhielt die Schmalspurbahn eine neue Aufgabe. Auf Initiative der Reichsbahn der DDR hin dienten ihre Bahnhöfe bis 1956 als Ausbildungsstandorte, bis benachbarte Stationen an den Regelspurstrecken diese Funktionen übernehmen konnten. Selbst der zuvor stillgelegte Bahnhof Rennbahn wurde in diesem Zusammenhang wieder als Kreuzungsbahnhof ausgebaut. Hier, wie auch in Kühlungsborn Ost, fanden regelmäßige Zugkreuzungen mit Güterzügen statt, während Heiligendamm schon damals als Kreuzungsstation für den Reiseverkehr bedeutsam war. 1956 wurde der Bahnhof Rennbahn wieder geschlossen, blieb aber als Haltepunkt bis 1960 in Betrieb. Neun Jahre später, am 1. Juni 1969, wurde der Haltepunkt Heiligendamm-Steilküste eröffnet. Die nur 250 m vom Strand entfernte Bahnstation wird auch heute noch in den Sommermonaten von zahlreichen Badegästen rege frequentiert.

Zum Sommerfahrplan 1969 wurde der Güterverkehr auf der Bäderbahn eingestellt. Rollbockverkehr hatte es hier wegen der engen Ortsdurchfahrt von Bad Doberan nie gegeben und so mußten sämtliche Güter von der Regel- auf die Schmalspur umgeladen werden. Die dabei entstehenden hohen Kosten waren auf Dauer nicht mehr zu vertreten. Ein paar Güterwagen sind aber dennoch bis heute vorhanden, sie

Oben: Bauzug im Bahnhof Arendsee anläßlich der Streckenverlängerung. Im Einsatz steht eine Maschine der benachbarten Rübenbahn Neubukow — Bastorf, dahinter eine der beiden Kastendampfloks.
Sammlung: Klaus Kieper
Unten: Werkbild der 1005, gebaut im Jahr 1910 bei der Firma Henschel. Sie erhielt später die Reichsbahnbetriebsnummer 99 301.
Sammlung: Gerhard Moll

werden hin und wieder für bahndienstliche Zwecke verwendet.

Nach Einstellung des Güterverkehrs geriet Anfang der siebziger Jahre der gesamte Schmalspurbetrieb unter Druck. Wiederholte Rentabilitätsuntersuchungen zeigten eine angeblich hohe Unwirtschaftlichkeit der Bahn auf, so daß mit einer baldigen Stillegung zu rechnen war. In Wahrheit stand hier allerdings weniger die Wirtschaftlichkeit im Vordergrund, als vielmehr Bestrebungen, grundsätzlich alle Schmalspurbahnen in der DDR aufzugeben. Proteste aus der Bevölkerung ließen es glücklicherweise nicht zu einer Stillegung kommen. Der „Molli", wie die Bahn im Volksmund liebevoll genannt wird, konnte vorerst weiterdampfen.

1973 bestätigte erstmals der Minister für Verkehrswesen in der DDR den weiteren Fortbestand. Ein Jahr später wurde die Strecke offiziell in die Liste erhaltungswürdiger technischer Denkmäler aufgenommen. Damit war der Grundstein einer zukünftigen Touristikbahn gelegt. Nach jahrelanger Vernachlässigung der Oberbauunterhaltung wurde wenig später mit dem schrittweisen Einbau stärkerer Schienenprofile auf Betonschwellen begonnen.

Mit dem Zusammenbruch der Deutschen Demokratischen Republik ist der Fortbestand der Bäderbahn erneut in Frage gestellt worden. Die nach wie vor voll mit Dampflokomotiven betriebene Schmalspurbahn wird in Zukunft mehr denn je ihre Wirtschaftlichkeit unter Beweis stellen müssen, egal ob künftig der Staat, das Land, die Kommunen oder gar Privatleute den Betrieb weiterführen werden. Bleibt zu hoffen, daß die Fahrgäste auch in Zukunft für eine gute Auslastung der Strecke sorgen werden, denn sonst könnte es eines Tages mit der Kleinbahnromantik an der Ostseeküste vorbei sein.

Personenzug mit Lok 99 312 um 1935 im heutigen Bahnhof Kühlungsborn West. Empfangsgebäude, Bahnanlagen und die Personenwagen machen einen gediegenen Eindruck.
Foto: Carl Bellingrodt / Sammlung Helmut Griebl

Typenbild der Lok 99 312, aufgenommen von Werner Hubert im Jahr 1930 in Arendsee. Sammlung: H.G. Hesselink

Die Fahrzeuge des „Molli"

Die ersten beiden Lokomotiven der Doberan-Heiligendammer Eisenbahn waren in den Jahren 1886 und 1887 von der Lokomotivfabrik Hohenzollern gebaut worden. Die leistungsschwachen B-Kuppler besaßen ein über Kessel und Führerstand durchgezogenes Dach sowie ein weitgehend verkleidetes, innerhalb des Lokrahmens liegendes Triebwerk. Zur Verminderung des Abdampfes und der damit verbundenen Geräusche befand sich auf dem Dach der kastenförmigen Lokomotive ein Abdampfkondensator. Gefeuert wurde mit Koks. Mit der Übernahme der Kleinbahn durch die Mecklenburgische Friedrich-Franz-Eisenbahn erhielten die beiden „Trakteure" die Betriebsnummern 1001 und 1002.

Es zeigte sich bald, daß die beiden B-Kuppler mit ihrer geringen Leistung von nur 50 PS den Anforderungen nicht gewachsen waren. So wurden in den Jahren 1891 und 1898 von Krauss & Co in München zwei C-gekuppelte Lokomotiven mit einer Leistung von 120 PS beschafft. Die Maschinen besaßen Triebwerksverkleidungen und als besonderes Merkmal auf dem Schornstein einen Kobelaufsatz zur Vermeidung von Funkenflug. Gefahren sind die beiden als 1003 und 1004 bezeichneten Lokomotiven aber kaum auf der Bäderbahn. Technische Unzulänglichkeiten führten dazu, daß sie fast ausschließlich auf der benachbarten Rübenbahn Neubukow — Bastorf eingesetzt wurden.

Als Folge der Streckenverlängerung nach Arendsee wurden von Henschel in den Jahren 1910 bis 1914 drei C-Kuppler mit einer Leistung von 125 PS beschafft, deren Triebwerke aus Sicherheitsgründen wiederum eine Verkleidung erhalten hatten. Nun endlich konnten die zweiachsigen Lokomotiven aus der Gründerzeit aus dem Betrieb genommen werden. Mit Übernahme durch die Reichsbahn im Jahr 1920 erhielten die Henschel-Maschinen die Betriebsnummern 99 301-303. Etwa gleichzeitig wurden auch die Triebwerksverkleidungen entfernt. Unter Reichsbahnregie war den drei C-Kupplern allerdings kein langes Leben beschieden.

Das stark gewachsene Verkehrsaufkommen verlangte nach leistungsfähigeren Dampflokomotiven, deren Lieferant in den Jahren 1923/24 wiederum die Firma Henschel war. Die drei neu gelieferten D-Kuppler erhielten die Betriebsnummern 99 311-313 und bewährten sich gut. Mit einer Leistung von 210 PS waren die optisch gedrungen wirkenden Lokomotiven dem damaligen Verkehrsaufkommen durchaus gewachsen. So konnten 1930 die 99 301 und 99 303 zur Rübenbahn nach Neubukow umgesetzt werden, während die 99 302 im Jahr 1932 verschrottet wurde.

Dampfzug, Trabbi und Tante-Emma-Laden, eine stimmungsvolle Szene aus Bad Doberan vom Morgen des 25. Oktober 1990.
Foto: Josef Högemann

Dampflokomotiven der Schmalspurbahn Bad Doberan – Kühlungsborn

MFFE Nr.	DR-Nr.	Bauart	Hersteller	Baujahr	Bemerkungen
1001		B-n2t	Hohenzollern	1886	1915 ausgemustert
1002		B-n2t	Hohenzollern	1887	1915 ausgemustert
1003		C-n2t	Krauss	1891	Einsatz in Neubukow, 1923 ausgemustert
1004		C-n2t	Krauss	1898	Einsatz in Neubukow, 1924 ausgemustert
1005	99 301	C-n2t	Henschel	1910	1930 nach Neubukow, 1948 ausgemustert
1006	99 302	C-n2t	Henschel	1911	1932 ausgemustert
1007	99 303	C-n2t	Henschel	1914	1930 nach Neubukow, 1948 ausgemustert
	99 311	D-n2t	Henschel	1923	um 1942 nach Dänemark
	99 312	D-n2t	Henschel	1923	1961 an Bau-Union Rostock
	99 313	D-n2t	Henschel	1924	1961 an Bau-Union Rostock
	99 321	1'D1'-h2t	O & K	1932	umgezeichnet in 99 2321
	99 322	1'D1'-h2t	O & K	1932	umgezeichnet in 99 2322
	99 323	1'D1'-h2t	O & K	1932	umgezeichnet in 99 2323
	99 331	D-h2t	Babelsberg	1951	1961 ex Wismut (22), umgez. in 99 2331
	99 332	D-h2t	Babelsberg	1951	1961 ex Wismut (44), umgez. in 99 2332
	99 333	D-h2t	Babelsberg	1950	1969 ausgemustert

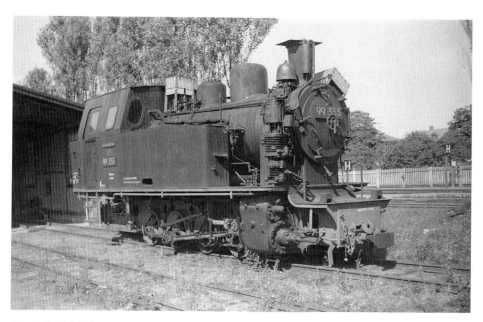

Die Lok 99 333 kam 1961 von der Wismut AG nach Kühlungsborn, erhielt jedoch im Gegensatz zu ihren Schwestermaschinen keinen Umbau mehr und wurde 1969 ausgemustert. Am 24. August 1966 konnte sie noch vor dem Lokschuppen von Kühlungsborn fotografiert werden.
Foto: Dr. Hans-Reinhard Ehlers

Den um 1930 herrschenden Vorstellungen zur Verbesserung der Attraktivität entsprechend wurden 1932 bei Orenstein & Koppel drei Neubauloks in Auftrag gegeben, die alles bisher dagewesene um ein vielfaches übertrafen. Besonderes Merkmal dieser 1'D1'-Tenderlokomotiven war neben ihrer Größe der für eine Schmalspurbahn bemerkenswerte Raddurchmesser von 1,10 m. Ein derartiges Triebwerk war notwendig, um in Verbindung mit einer Leistung von 460 PS eine Höchstgeschwindigkeit von 50 km/h zu erreichen. Ein weiteres Merkmal waren die vielen bei der Deutschen Reichsbahn genormten Bauteile, mit denen die Maschinen ausgerüstet waren. Somit kann man die formschönen Lokomotiven durchaus zu den Einheitslokomotiven zählen. Noch heute versehen die als 99 2321-2323 bezeichneten Dampfloks den gesamten Betrieb zwischen Bad Doberan und Kühlungsborn. Ihre Vorgänger, die D-Kuppler aus den zwanziger Jahren, haben sie längst überflüssig werden lassen. Zwei von ihnen sind um 1961 als Heizlokomotiven nach Rostock gegangen.

Die jüngsten Lokomotiven des „Molli" stammen aus der Produktion des VEB-Lokomotivbau „Karl Marx", Potsdam Babelsberg. Es handelt sich dabei um Werkbahnlokomotiven, die 1950/51 für die Wismut-AG gebaut worden sind. Die drei Lokomotiven mit den Betriebsnummern 99 331-333 (99 2331-2332) kamen 1961 in den Norden, um auf der Bäderbahn im Güterverkehr eingesetzt zu werden. Nach diversen Umbauten (u.a. Abschrägung des Führerhauses, Einbau einer größeren Lichtmaschine, sowie Umbau der 99 331 und 332 auf Heißdampf) kamen die D-Kuppler noch im gleichen Jahr in den Zugdienst. Trotz dieser Umbaumaßnahmen waren die drei Lokomotiven nur wenig im Einsatz. Schon 1969 wurde die Naßdampfmaschine 99 333 ausgemustert, nachdem der Güterverkehr eingestellt worden war. Seither dienen die beiden anderen als Betriebsreserve und werden nur bei Lokmangel angeheizt.

Mit dem „Molli"
an die Ostsee

Wenn in den Sommermonaten die Touristen an die Strände der Ostsee strömen, dann hat der „Molli" Hochkonjunktur. Man muß es einfach einmal erlebt haben: Mit quietschenden Bremsen rollt der hoffnungslos überfüllte Eilzug aus Rostock an den Bahnsteig, sämtliche Türen gehen auf und eine Menschenmenge — voll bepackt mit Koffern, Rucksäcken und Taschen — stürmt den bereitstehenden Schmalspurzug, welcher wenig später mit seinen zwölf Wagen bis auf den letzten Platz besetzt ist.

„Molli" ruft lautstark zur Abfahrt. Dicker brauner Rauch quillt aus dem Schornstein der Lokomotive. Die modern wirkende 1D1-Lok gehört mit ihren großen Treibrädern von 1,10 Metern zu den ganz flinken schmalspurigen Dampflokomotiven. Auf dem Weg nach Kühlungsborn kann sie beweisen, was in ihr steckt.

Doch zunächst geht es ganz geruhsam voran. Mit einem mächtigen Ruck setzt sich die Fuhre in Bewegung. Wir passieren einen beschrankten Bahnübergang und rollen in Richtung Innenstadt von Bad Doberan. Noch immer qualmt die Lok wie ein Vulkan. Auf dem Karl-Marx-Platz steht Auto hinter Auto und wartet auf die Durchfahrt des Zuges. Die Gleise verlaufen mitten über den Platz. Langsam rollt der Zug kurz darauf durch die schmale Ernst-Thälmann-Straße, — zu beiden Seiten Geschäfte mit regem Publikumsverkehr. Die Szene erinnert an eine Straßenbahn. Es kreuzt die zum Markt führende Severinstraße, — auch hier Auto an Auto. Wir erreichen die Goethestraße. Noch immer liegt das Gleis im Straßenplanum. Kurz darauf hält der Zug. Ein kleines Stationsschild verrät, daß sich hier die Haltestelle Goethestraße befindet.

Es geht weiter. Zu beiden Seiten säumen hohe Bäume mit dahinterliegenden prächtigen alten Villen die Bahn. Bald haben wir den unmittelbaren Wohnbereich von Bad Doberan hinter uns gelassen. Der Heizer hat kräftig aufgelegt. Auf hervorragendem, lückenlos geschweißtem Oberbau geht es mit Volldampf entlang der Hauptstraße in nördliche Richtung. Hier kann die 1D1-Maschine zeigen, daß sie noch nicht zum alten Eisen zählt. Mit kräftigem Abdampfschlag nimmt sie die nun folgende Steigung im 50-km/h-Tempo.

Äcker und Wiesen säumen die nächsten Kilometer. In flotter Fahrt passiert der Zug bald darauf drei sternförmig aufeinanderzulaufende Lindenalleen. Sie führten einst zur ältesten Pferderennbahn des europäischen Kontinents. Bis zum 2. Weltkrieg wurde hier alljährlich der große Preis der Ostseeländer ausgetragen. 1948 wurde die Anlage aufgegeben und in landwirtschaftliches Nutzland zurückverwandelt.

Entlang der beiderseits von hohen Linden gesäumten Straße nach Kühlungsborn erreicht der Zug wenig später die ersten Häuser von Heiligendamm. Auf der linken Seite am Waldrand steht das Einfahrtsignal: Einfahrt frei für den Schmalspurzug in den Bahnhof Heiligendamm! Die kleine Bahnstation ist von dichtem Wald umgeben. Das hier vorhandene Kreuzungsgleis ist über mechanisch ferngestellte Weichen an den Hauptstrang angeschlossen und wird regelmäßig für Zugkreuzungen genutzt.

Inzwischen ist die Schranke an der Nordseite des Bahnhofs geschlossen worden. Der Gegenzug rollt mit Lok 99 2321 heran. Auch er ist gut besetzt. Koffer stehen kreuz und quer in den Mittelgängen der Personenwagen, dienen manchem Reisenden notdürftig als Sitzplatz. Man sieht braun gebrannte Menschen im Zug. Für sie ist der Urlaub zu Ende.

Lok 99 2332 war zeitweise mit einem Schneepflugvorsatz ausgerüstet (Kühlungsborn West, 28. April 1978).
Foto: Ludger Kenning

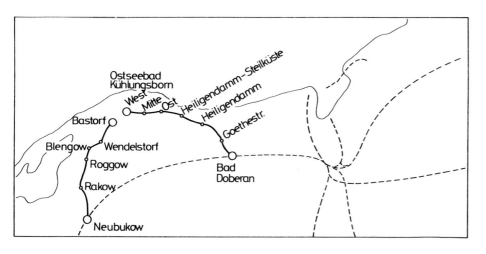

Vorn beginnt die Zuglok 99 2323 wieder kräftig zu arbeiten. In flotter Fahrt rollen wir durch den „Gespensterwald". Auf der rechten Seite steht eine kleine Kirche aus rotem Backstein. Sie ist im vorigen Jahrhundert in Anlehnung an den gotischen Stil gebaut worden und gilt heute als eines der markanten Merkmale von Heiligendamm. Kurz darauf nähert sich die Bahn bis auf 250 m der Ostsee. Die Lok an der Zugspitze qualmt wieder fürchterlich. Brauner, dicker Rauch wälzt sich bis zum Wasser hin, nimmt einem die herrliche Aussicht auf das Meer.

Mit einem kräftigen Ruck kommt der Zug zum Stehen. Wir haben den rege frequentierten Haltepunkt Heiligendamm Steilküste erreicht. In Scharen strömen die Menschen aus den Schmalspurwagen der Sonne entgegen. Auf der gegenüberliegenden Seite erhebt sich die Kühlung, ein von den Einheimischen als „Thüringen Norddeutschlands" bezeichneter Höhenzug. Der gut fünf Kilometer entfernt liegende Diedrichshäger Berg bietet einen herrlichen Ausblick über das Land.

Die ersten Häuser von Kühlungsborn werden sichtbar. Gemächlich rollt der Zug durch den ehemals selbständigen Ortsteil Fulgen. Vor uns liegt der Bahnhof Kühlungsborn Ost mit seinem stattlichen Empfangsgebäude. Betriebstechnisch gesehen gibt es hier eigentlich gar keinen Bahnhof mehr. Die früher umfangreichen Nebengleise wurden schon vor Jahren abgebaut, nachdem der Güterverkehr 1969 eingestellt worden war. Dennoch ist der ehemalige Bahnhof noch mit Reichsbahnpersonal besetzt. Zahlreiche Reisende verlassen in Kühlungsborn Ost den Zug. Koffer und Taschen werden aus den Waggons gewuchtet, die Anreise in die Ferien ist zu Ende.

Nach kurzem Aufenthalt geht es weiter in südwestliche Richtung. Kaum eine Minute später kommt der Schmalspurzug erneut zum Stehen. Der Haltepunkt Kühlungsborn Mitte ist erreicht. Wieder verlassen viele Reisende den Zug. Noch einmal ist von vorn der gleichmäßige Takt der

Bekohlung der Lok 99 2322 in Bad Doberan am 19. Juli 1986.   *Foto: Rainer Heinrich*

Vor der Abfahrt nach Bad Doberan wird die Lok 99 2331 von Lokführer Dietmar Lohs (+) versorgt. Foto: Ludger Kenning (21. September 1979)

großrädrigen Schmalspurlok zu hören. Auf gut unterhaltenem Gleis nimmt der Personenzug den letzten Kilometer.

Der Bahnhof Kühlungsborn West ist erreicht. Endstation! Der Zug rollt an den Bahnsteig. Das stattliche Bahnhofsgebäude, die Gleisanlagen, alles macht einen gepflegten Eindruck. Wieder verlassen voll bepackte Menschenmassen den Zug. In dichten Trauben drängen sie auf den Bahnhofsvorplatz. Erstaunlich, welche Transportaufgaben selbst eine solche Kleinbahn erbringen kann!

Die Rübenbahn Neubukow — Bastorf

Die Geschichte der Bäderbahn Bad Doberan — Kühlungsborn wäre sicher unvollständig, würde an dieser Stelle nicht der längst vergessenen Rübenbahn Neubukow — Basdorf gedacht. Nicht allein wegen der gleichen Spurweite von 900 mm besteht ein beinahe verwandtschaftliches Verhältnis, auch wurden häufig Betriebsmittel zwischen beiden Bahnen ausgetauscht. Pläne, die in ihrem Nordteil nicht einmal fünf Kilometer auseinanderliegenden Strecken durch ein Gleis zu verbinden, sind allerdings nicht ausgeführt worden.

Zur Erschließung der landwirtschaftlich intensiv genutzten Region nördlich von Neubukow kam es im Jahr 1892 zum Bau einer 14,4 km langen Schmalspurbahn bis Bastorf, die jeweils lediglich während der Herbst- und Winterzeit zur Beförderung von Rüben, Kalkschlamm und Kohle in Betrieb genommen wurde.

Über die hier anfangs eingesetzten Lokomotiven und Kipploren ist wenig überliefert. Erst später setzte man bei der Doberan-Heiligendammer Eisenbahn frei gewordene Betriebsmittel nach Neubukow um.

Gemeinsam mit der DHE kam die Rübenbahn 1920 zur Deutschen Reichsbahn-Gesellschaft. Zu diesem Zeitpunkt verfügte die Güterbahn über 17 Ladestellen und zwei Anschlußgleise mit insgesamt 40 Weichen. Die Höchstgeschwindigkeit betrug 15 km/h mit einer Einschränkung im Bereich der Ortsdurchfahrt Roggow, hier waren nur 10 km/h erlaubt.

Das Ende kam nach dem 2. Weltkrieg, als zahlreiche Bahnen in der Ostzone im Rahmen von Reparationsleistungen aufgegeben werden mußten. Mit dem Ausscheiden der beiden letzten noch vorhandenen Betriebslokomotiven 99 301 und 99 303 wurde die Rübenbahn 1948 stillgelegt und wenig später abgebaut.

Die Bahnsteiganlagen von Kühlungsborn West machen einen ruhigen Eindruck, doch wenn die Sommergäste kommen, wird sich das schnell ändern!
Foto: Ludger Kenning (4. Mai 1989)

Der Schmuck zum „Tag der Arbeit" hängt noch an der Lok 99 2322, als sie am 4. Mai 1989 Kühlungsborn West verläßt.
Foto: Ludger Kenning

In der Morgensonne des 24. Oktober 1990 passiert der Personenzug 14137 nach Bad Doberan das Einfahrtsignal von Kühlungsborn West. Ein 1979 aufgestelltes, aber nie in Betrieb genommenes Lichtsignal war inzwischen wieder entfernt worden. Foto: Josef Högemann

Einfahrt des Personenzuges 14136 in den Bahnhof Kühlungsborn Ost am 24. Oktober 1990. Von den früheren Bahnhofsanlagen ist bis auf das Stationsgebäude, das Durchgangsgleis und ein kurzes Nebengleis nicht viel geblieben. Foto: Josef Högemann

Mit schwarzem Rauchpilz legt sich die Lok 99 2322 am 4. Mai 1989 kurz nach der Ausfahrt aus Kühlungsborn Ost kräftig ins Zeug, um den Personenzug nach Bad Doberan zu beschleunigen. Am Horizont ist schwach die Ostsee zu erkennen. Foto: Ludger Kenning

*Ein reizvolles Fotomotiv bei Heiligendamm, das inzwischen durch eine Fernwärmeleitung verbaut ist: Lok 99 2322 am 29. April 1979 auf dem Weg nach Bad Doberan.
Foto: Ludger Kenning*

*Wegen Bauarbeiten war der Streckenabschnitt zwischen Heiligendamm und Kühlungsborn West am 9. April 1990 für den Zugverkehr gesperrt. Die Verkehrsbedienung erfolgte in diesem Abschnitt durch den Kraftverkehr. Ausnahmsweise mußte daher die Zuglok in Heiligendamm umsetzen.
Foto: Josef Högemann*

Zartes Grün an den Bäumen entlang der Strecke südlich von Heiligendamm kündet vom nahen Sommer. Am 9. April 1990 beschleunigt die Lok 99 2322 den P 14139 in Richtung Bad Doberan.   Foto: Josef Högemann

Im letzten Licht des 24. Oktober 1990 rollt die Lok 99 2321 auf abschüssiger Strecke nördlich von Bad Doberan ihrem Ziel entgegen.
Foto: Josef Högemann

Durch die Kurve nahe der ehemaligen Rennbahn rollt die Lok 99 2322 am 4. Mai 1989 in Richtung Bad Doberan. Foto: Ludger Kenning

Alte Villen und prächtige Baumreihen säumen den Streckenverlauf der Schmalspurbahn in der Goethestraße in Bad Doberan (99 2322 am 4. Mai 1989).
Foto: Ludger Kenning

Nach einem kurzen Zwischenhalt in der Goethestraße setzt die Lok 99 2322 am 9. April 1990 die Fahrt durch Bad Doberan fort.
Foto: Josef Högemann

Durch die engen Straßen von Bad Doberan rollt Lok 99 2332 am 25. Oktober 1990 der Endstation entgegen. Mit der Öffnung der Grenze ist der Pkw-Verkehr stark angestiegen. Mitunter behindern auf den Gleisen parkende Autos den Zugverkehr.   Foto: Josef Högemann

Sozialistischer Fahnenschmuck hing am 1. Mai 1979 zum „Tag der Arbeit" an den Häusern in der damaligen Ernst-Thälmann-Straße in Bad Doberan.
Foto: Ludger Kenning

Die enge Ernst-Thälmann-Straße hat am 16. Juni 1968 der Personenzug 4608 verlassen, ...

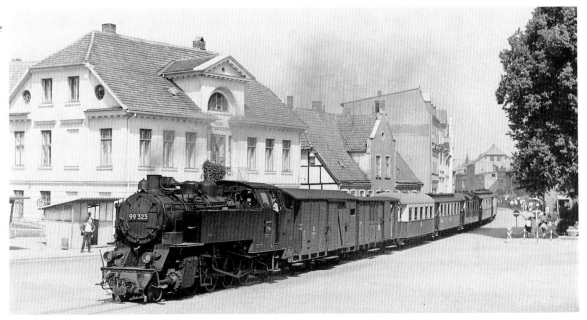

*... fährt an der Fassade des Lessing-Gymnasiums vorbei, kreuzt gleich die Transitstraße, um dann den Bahnhof Bad Doberan zu erreichen. Heute beherrscht hier das Auto-Chaos die Szene.
Fotos: Alfred Luft*

Einfahrt des Zuges 17135 in den Bahnhof Bad Doberan am frühen Morgen des 25. Oktober 1990. *Foto: Josef Högemann*

Mit der aufgehenden Sonne im Hintergrund verläßt Lok 99 2321 am 25. Oktober 1990 mit eindrucksvoller Dampfentwicklung den Bahnhof Bad Doberan.
Foto: Josef Högemann

Die Lok 99 2323 am 4. Mai 1989 im westlichen Bahnhofskopf von Bad Doberan. Foto: Ludger Kenning

Quellenverzeichnis

- Arbeitsgemeinschaft „Verkehrsgeschichte" Berlin des Deutschen Modelleisenbahn-Verbandes: „75 Jahre mit dem Rasenden Roland durch die Insel Rügen", Deutscher Modelleisenbahn-Verband der DDR
- Autorenkollektiv unter Leitung von L. Schultz: „Denkmalgeschützte Kleinbahnen im Ostseebezirk", Deutscher Modelleisenbahn-Verband der DDR, 1980
- Deutscher Modelleisenbahn-Verband: „Rostocker Eisenbahn"
- Klaus Jünemann; Klaus Kieper; Lothar Nickel: „Die Rügenschen Kleinbahnen", Alba-Buchverlag, Düsseldorf, 1983
- Klaus Kieper; Reiner Preuß; Elfriede Rehbein: „Schmalspurbahn-Archiv", Transpress VEB Verlag für Verkehrswesen, Berlin, 1980
- Wulf Krentzien: „100 Jahre Eisenbahn auf Rügen 1883-1983", Deutscher Modelleisenbahn-Verband
- Gerhard Oldenburg: „Die Schmalspurbahnen auf der Insel Rügen", Verlag Zeunert, Gifhorn
- Hans-Dieter Rammelt; Günther Fiebig; Erich Preuß: „Klein- und Privatbahnarchiv Band 1", Transpress VEB Verlag für Verkehrswesen, Berlin, 1989
- Thomas Wendt: „Links und rechts der kleinen Bahnen", VEB Tourist Verlag, Berlin/Leipzig, 1983
- Eigene Aufzeichnungen des Verfassers

Weitere Eisenbahnbücher aus dem Verlag Kenning

Andreas Christopher
Deutsche Kleinlokomotiven
132 Seiten DIN-A4 gebunden, 220 Fotos, 16 Zeichnungen, 51 Tabellen
Preis: 37,80 DM

Die kleine Köf kommt hier groß heraus! Nach einer Beschreibung der Bauarten wird in einem umfangreichen Tabellenteil jede einzelne der 4004 Loks mit Herstellerangaben und Verbleib aufgelistet. Ein reichhaltiger Bildteil zieht einen Querschnitt durch das gesamte Spektrum der Kleinlokeinsätze.

Meier / Busse / Henne / Lorenz
Eisenbahn Göttingen — Bodenfelde
100 Seiten 21x21 cm gebunden, 105 Fotos
Preis: 29,80 DM

Eisenbahngeschichte einmal anders! Mehr als nur die Geschichte einer unscheinbaren, jedoch typischen Nebenbahn schildert dieses Buch. Es ist vielmehr ein Beispiel für die Bedeutung einer Bahnlinie als Lebenslinie einer Region. Diese Strecke ist ein gutes Beispiel dafür, welche Rolle Nebenbahnen früher einmal spielten und welchen Bedeutungswandel das Verkehrsmittel Eisenbahn in den letzten Jahrzehnten erfahren hat.

Leonhard Bergsteiner
Eisenbahnen im Altmühltal
276 Seiten DIN-A4 gebunden, 250 SW-, 12 Farbfotos, 60 Tabellen, 130 Skizzen
Preis: 72,- DM

Der Eisenbahnbau im Altmühltal war einst der Grundstock des Eisenbahnnetzes zwischen München und Nürnberg. Es begann mit dem Bau der Hauptbahn (München-) Ingolstadt — Treuchtlingen (1869). Zwischen Eichstätt Bahnhof und Eichstätt Stadt entstand 1885 eine Schmalspurbahn, die 1898 bis Kinding und 1929 in Normalspur bis Beilngries verlängert wurde. Bis 1934 wurde auch diese Schmalspurbahn in die Regelspurweite umgebaut. Neben diesen beiden prägnanten Bahnlinien entstanden noch weitere Nebenbahnen ins Altmühltal: Ingolstadt Nord — Riedenburg, Neumarkt — Dietfurt und Dollnstein — Rennertshofen. Schließlich entwickelte sich Ingolstadt zu einem bedeutenden Eisenbahnknotenpunkt mit Bahnbetriebs- und Ausbesserungswerk, Militärbahnen und einer Pferdestraßenbahn. Regionale Eisenbahngeschichte wird hier mustergültig dokumentiert!

Karl-Heinz Nauroth
Straßenbahnen in Bonn
116 Seiten DIN-A4 gebunden, 190 Fotos, zahlreiche Skizzen
Preis: 37,80 DM

Eine wechselvolle Geschichte haben die Bonner Straßen- und Stadtbahnen hinter sich. Es begann 1891 mit einer Pferdebahn. 1902 hielt mit der Eröffnung der Linie Bonn — Beuel die elektrische Traktion auf der städtischen Straßenbahn Einzug. Bis zu fünf Straßenbahnlinien durchzogen die Stadt. Mit Dampfloks nahm die Straßenbahn Bonn — Bad Godesberg — Mehlem (BGM) 1892 ihren Betrieb auf. Heute ist sie eine bedeutende Vorortbahn („Diplomatenbahn"). Den Charakter einer Überlandbahn hat die 1911 eröffnete Siegburger und Siebengebirgsbahn (SSB) mit ihren schweren Triebwagen.

Eduard Bündgen
Rheinuferbahn Cöln-Bonn 1906-1925
96 Seiten DIN-A4 gebunden, 105 Fotos, zahlr. Zeichnungen
Preis: 36,- DM

Die Rheinuferbahn der ehemaligen Cöln-Bonner Kreisbahnen (CBK) war die erste mit hochgespanntem Gleichstrom arbeitende elektrische Schnellbahn Deutschlands und wurde somit in Fachkreisen viel bewundert. Die „Pionierleistung" Rheinuferbahn erhielt schon früh den Rang einer Hauptbahn, ein zweites Streckengleis und Halbstundentakt. In diesem Buch wird die Frühzeit der Bahn mit prächtigen, imposant-majestätisch wirkenden Fotos gewürdigt.

Jürgen Lehmann
Straßenbahn und Obus in Rheydt
116 Seiten 21x21 cm gebunden, 106 Fotos, 21 Skizzen, 11 Fahrpläne
Preis: 34,80 DM

Die Stadt Rheydt — seit 1975 ein Stadtteil von Mönchengladbach — hat eine bewegte Nahverkehrsgeschichte: Pferdebahn ab 1881, nach der Jahrhundertwende elektrische Straßenbahn mit bis zu 5 Linien, Omnibusse von den 30er Jahren an und schließlich Obusbetrieb ab 1952. Das alles ist heute Geschichte. Ausführliche Beschreibungen und viele historische Fotos machen hier ein Stück Heimat- und Nahverkehrsgeschichte wieder lebendig.

Reihe „Nebenbahndokumentation":

Band 1
Josef Högemann
Schmalspurbahnen im Ostharz
100 Seiten 21x21 cm gebunden, 30 Farb- und 68 SW-Fotos
Preis: 34,80 DM

Als erste Schmalspurbahn des Harzes entstand 1887/88 die Selketalbahn (GHE) Gernrode — Harzgerode, welche 1890-92 um eine Stichstrecke Alexisbad — Hasselfelde erweitert wurde. Aufsehenerregend war der Bau der Harzquer- und Brockenbahn der Nordhausen-Wernigeroder Eisenbahn (NWE), die den Harz von Nord nach Süd überquerte und mit einer Zweigstrecke sogar den Brocken erklomm. 1905 baute die GHE schließlich die Verbindung zur NWE. Nach einer Beschreibung der wechselvollen Geschichte, der Triebfahrzeuge und der Strecken zeichnen viele historische und aktuelle Aufnahmen ein repräsentatives Bild dieser beiden berühmten Schmalspurbahnen.

Verlag Kenning
Hermann-Löns-Weg 4, W-4460 Nordhorn
Tel. 05921/76996 — Fax 05921/77958